suhrkamp taschenbuch 1977

Juan José Arreola, geboren 1918 in Zapotlán el Grande/Mexiko, 1945 Aufenthalt in Paris als Stipendiat, leitete eine von ihm gegründete »Literarische Werkstatt« in Mexiko. Arreola lebt in Mexiko-Stadt.

»Ich war fliegender Händler und Journalist, Dienstmann und Bankkassierer, Drucker, Schauspieler und Bäcker, alles was Sie wollen ... Noch ein letztes melancholisches Geständnis: Ich habe keine Zeit gehabt, mich in Literatur zu üben. Aber ich habe ihr inbrünstig so viele Stunden wie nur irgend möglich gewidmet.«

Confabularium ist so etwas wie die selbstgeschriebene Taschenbibliothek eines skeptisch-ironischen Fabulierers, von dem die Kritik behauptet, er habe die Literatur sozusagen noch einmal erfunden. Ein Schriftsteller jedenfalls, dem spürbar die Literatur mit ihren Reichtümern ebensoviel bedeutet wie die gegenwärtige, auf ihn eindringende Welt, nicht mehr und auch nicht weniger.

Juan José Arreola
Confabularium

Aus dem mexikanischen Spanisch
von Kajo Niggestich

Suhrkamp

Titel der Originalausgabe: *Confabulario, Obras de J. J. Arreola*
Dieser Übersetzung liegen die Texte der Gesamtausgabe in fünf Bänden des Verlags Joaquín Mortiz, Mexiko 1971, zugrunde.
Umschlagfoto: Lola Alvarez Bravo

suhrkamp taschenbuch 1977
Erste Auflage 1992

Druck: Nomos Verlagsgesellschaft, Baden-Baden
Printed in Germany
Umschlag nach Entwürfen von
Willy Fleckhaus und Rolf Staudt

1 2 3 4 5 6 – 97 96 95 94 93 92

Confabularium

Zwischen Erinnern und Vergessen

Ich, meine Damen und Herren, stamme aus Zapotlán el Grande, einem so großen Dorf, daß man uns vor 100 Jahren daraus eine Stadt, die »Ciudad Guzmán«, gemacht hat. Aber wir sind immer noch so provinzlerisch, daß wir auch weiterhin Zapotlán sagen. Der Ort liegt in einem runden Tal voller Mais, rings umgeben von Bergen, deren einzige Zierde ihr freundliches Wohlverhalten ist, darüber der blaue Himmel, und dann ist da noch eine Lagune, die wie ein leichter Traum kommt und geht. Von Mai bis Dezember sieht man ebenmäßig wachsende Maisstauden. Manchmal nennen wir den Ort auch Zapotlán de Orozco, weil hier José Clemente geboren ist, der mit den gewaltigen Pinselstrichen. Ich spüre, daß ich – wie er – am Fuß eines Vulkans zur Welt kam. Da wir schon von Vulkanen sprechen: In die Beschreibung der Berge meiner Heimat gehören noch zwei Gipfel neben dem Maler. Da ist einmal der Nevado, der Nevado von Colima genannt wird, obwohl er eigentlich in der Provinz Jalisco liegt. Er ist erloschen, und im Winter schmückt ihn eine Schneekappe. Aber der andere ist aktiv. Im Jahre 1912 hat er uns mit Asche vollgeschüttet, die alten Leute erinnern sich noch mit Schrecken an dieses leicht pompejanische Erlebnis: Am hellichten Tag wurde es Nacht, und alle glaubten an das Jüngste Gericht. Aber so weit brauchen wir gar nicht zurückzugehen. Noch letztes Jahr haben uns Lavaausbrüche, Grollen und Rauchfahnen aufgeschreckt. Das Schauspiel lockte Geologen an, die uns einen guten Tag wünschten und den Puls fühlten und Fieber maßen; wir luden sie zu einem Granatapfelpunsch ein, und sie beruhigten uns mit der Wissenschaft: Die Zeitbombe unter unserem Kopfkissen könne vielleicht

heute abend oder aber an irgendeinem Tag in den nächsten zehntausend Jahren losgehen.
Ich bin das vierte von den insgesamt vierzehn Kindern meiner Eltern, die Gott sei Dank noch leben und davon berichten können. Sie verstehen, daß ich als Kind nicht verwöhnt wurde. Die Arreolas und die Zúñigas tragen ihre alte Familienfehde zwischen Ungläubigen und Frommen wie Hunde in meiner Brust aus. Die einen wie die anderen scheinen in ferner Vergangenheit von denselben baskischen Vorvätern abzustammen. Aber da sie schon früh zu Mestizen wurden, pulsiert in ihren Adern einträchtig das Blut all der Rassen, die das heutige Mexico bilden, und sogar noch das einer französischen Nonne, die von irgendwoher mit hineingeraten ist. Es gibt Familiengeschichten, die ich besser nicht erzählen sollte, denn mein Nachname verliert sich unter den spanischen Sepharden. Niemand weiß, ob mein Urgroßvater, Don Juan Abad, den Namen Arreola nur deshalb annahm, weil er den letzten Ruch des Neuchristen verwischen wollte (Abad kommt von Abba, *was auf aramäisch Vater heißt). Keine Angst, ich will hier keinen Stammbaum pflanzen und mir auch keine Ader einziehen, damit sie mir plebejisches Blut von den Zeiten des Cid-Kopisten an zufließen läßt, und ich will auch nicht den Namen der falschen Torre de Quevedo anführen. Aber meine Sprache ist von adliger Herkunft. Ehrenwort! Ich stamme in direkter Linie von zwei uralten Geschlechtern ab: Mütterlicherseits von den Schmieden und väterlicherseits von den Zimmermännern. Daher meine handwerkliche Begeisterung für die handwerkliche Seite der Sprache.*
Ich bin im Jahre 1918, als die spanische Grippe wütete, geboren, am Tag des Evangelisten Matthäus und der Heiligen Iphigenie, der Jungfrau, zwischen Hühnern, Schweinen, Ziegen, Truthähnen, Kühen, Eseln und Pfer-

den. Meine ersten Schritte machte ich, als ein schwarzes Schaf hinter mir herrannte, das aus der Umfriedung ausgebrochen war. Die Angst ist mir damals so nachhaltig in die Glieder gefahren, daß sie meinem Leben heute noch Farbe gibt und in mir das neurotische Unbehagen auslöst, das die gesamte Familie umgibt, das aber glücklicher- oder unglücklicherweise noch nie in Epilepsie oder Wahnsinn ausartete. Immer noch verfolgt mich dieses unselige schwarze Schaf, und ich spüre meine Schritte unsicher werden wie die des Höhlenbewohners, der von einem mythologischen Untier verfolgt wird.

Wie fast alle Kinder ging auch ich in die Schule. Aber ich konnte sie nicht weiter besuchen aus Gründen, die zwar zur Sache gehören, die ich aber nicht erzählen kann: Meine Kindheit verlief mitten im Chaos, das die Revolution der Christuskämpfer in der Provinz anrichtete. Kirchen und Konfessionsschulen wurden geschlossen, und ich durfte als Neffe von Priestern und Nonnen, die sich versteckt hielten, keine öffentliche Schule besuchen, wenn ich nicht zum Ketzer werden wollte. Mein Vater, der sonst immer einen Ausweg aus ausweglosen Situationen fand, schickte mich nicht etwa auf eine staatliche Schule oder in ein heimlich fortbestehendes Seminar, sondern er steckte mich kurzerhand in die Lehre. So kam ich im Alter von 12 Jahren als Lehrling in die Werkstatt des Buchbindermeisters José María Silva, und später in die Druckerei von Chepo Gutiérrez. Aus dieser Zeit rührt meine große Liebe für das Buch als Gegenstand, den man in die Hand nehmen kann. Die andere Liebe, die zu den Texten, verdanke ich einem Volksschullehrer, dem ich hier huldigen möchte: Von José Ernesto Aceves erfuhr ich, daß es außer Händlern, kleinen Gewerbetreibenden und Bauern auch Dichter auf der Welt gibt. An dieser Stelle muß ich noch etwas betonen: Mein Vater, der von allem etwas versteht, hat sich (immer in bescheidenem Rahmen) im Handel, im Gewerbe und in der Landwirtschaft versucht, ist aber jedesmal gescheitert: er hat eine Dichterseele.

Ich bin Autodidakt, das stimmt. Aber mit zwölf Jahren und in Zapotlán el Grande las ich Baudelaire, Walt Whitman und die Autoren, die meinen Stil am tiefsten geprägt haben: Papini und Marcel Schwob und dazu ein halbes Hundert anderer mehr oder weniger berühmter Namen . . . Und ich hörte Volkslieder und Redensarten, und besonders gern hörte ich den Leuten vom Lande zu.

Von 1930 bis heute habe ich mehr als zwanzig verschiedene Berufe und Tätigkeiten ausgeübt . . . Ich war fliegender Händler und Journalist, Dienstmann und Bankkassierer, Drucker, Schauspieler und Bäcker. Alles was Sie wollen.

Es wäre ungerecht, wenn ich den Mann nicht erwähnen würde, der mein Leben verändert hat: Louis Jouvet, den ich kennenlernte, als er durch Guadalajara kam, und der mich vor 25 Jahren mit nach Paris nahm. Jene Reise war ein Traum, den ich vergeblich aufleben lassen möchte: Ich stand als nackter Galeerensklave von Antonius und Kleopatra auf den Brettern der Comédie Française, unter der Regie von Jean-Louis Barrault und zu Füßen von Marie Bell.

*Nach meiner Rückkehr aus Frankreich stellte mich der Verlag Fondo de Cultura Económica dank der liebenswürdigen Vermittlung von Antonio Alatorre, der mich als Philologen und Grammatiker ausgab, in der Herstellung ein. Nachdem ich drei Jahre lang Druckfahnen, Übersetzungen und Originale korrigiert hatte, wechselte ich zu den Autoren über. (*Varia invención *erschien 1949 in Tezontle.)*

Noch ein letztes melancholisches Geständnis. Ich habe

keine Zeit gehabt, mich in der Literatur zu üben. Aber ich habe ihr inbrünstig so viele Stunden wie nur irgend möglich gewidmet. Ich liebe die Sprache über alles und ich verehre diejenigen, von Jesaia bis Franz Kafka, die durch das Wort Zeugnis vom Geist abgelegt haben. Fast der gesamten zeitgenössischen Literatur stehe ich mißtrauisch gegenüber. Ich lebe umgeben von klassischen Schatten, die gütig über meinen Schlaf als Autor wachen. Ich bin aber auch von jungen Leuten umgeben, die die neue mexikanische Literatur schaffen werden: Ihnen übertrage ich die Aufgabe, die ich nicht verwirklichen konnte. Um sie ihnen zu erleichtern, erzähle ich ihnen tagtäglich, was ich in den wenigen Stunden lernte, in denen mein Mund von etwas anderem beherrscht war. Von dem, was ich, nur einen Augenblick lang, durch den brennenden Dornbusch vernahm.

J. J. A.

Confabularium

. . . mudo espío
mientras alguien voraz a mí me observa.
Carlos Pellicer
. . . stumm spähe ich
während jemand mich gierig beobachtet.

Parturient montes

. . . nascetur ridiculus mus.
Horaz, *Ad Pisones, 139.*

Unter Freunden und Feinden ging das Gerücht, ich wüßte eine neue Version vom Kreißen der Berge. Überall bat man mich, sie vorzutragen, wobei man eine Erwartung erkennen ließ, die bei weitem das gewöhnliche Interesse an Geschichten dieser Art übertraf. In aller Rechtschaffenheit lenkte ich die Neugier der Öffentlichkeit immer wieder auf die klassischen Texte und auf die gängigen Ausgaben. Aber niemand gab sich damit zufrieden: Alle wollten sie aus meinem Munde hören. Von freundlicher Beharrlichkeit gingen sie, ganz nach Temperament, zu Drohungen, Handgreiflichkeiten oder Bestechungen über. Nur einige Phlegmatiker stellten Gleichgültigkeit zur Schau, um meine Eitelkeit im tiefsten Innern zu verletzen. Es mußte schließlich früher oder später zu Tätlichkeiten kommen.

Gestern wurde ich von einer Gruppe von Unwilligen auf offener Straße regelrecht überfallen. Sie umstellten mich und forderten lauthals den Anfang der Geschichte. Viele Menschen, die uninteressiert vorbeikamen, blieben stehen, ohne zu wissen, daß auch sie an einem Verbrechen beteiligt sein würden. Zweifellos hatte mein unverfälscht marktschreierischer Anblick sie für mich eingenommen, und sie wurden zu willigen Mitspielern. Sehr schnell sah ich mich von einer dichten Menschenmenge umringt.

Verängstigt und in die Enge getrieben, sammelte ich alle meine Kräfte und beschloß, mich endgültig um meinen Ruf als Erzähler zu bringen. Hier das Ergebnis. Mit vor Aufregung entstellter Stimme und vom Podest eines

Verkehrspolizisten herab, das mir jemand unter die Füße geschoben hatte, beginne ich, die bekannten Worte mit den üblichen Handbewegungen vorzutragen: »Mitten unter Erdbeben und Explosionen, mit überwältigenden Zeichen des Schmerzes, Bäume entwurzelnd und Felsen losreißend, rückt ein gigantisches Ereignis näher. Wird ein Vulkan geboren? Ein Feuerfluß? Wird am Horizont ein neuer Stern auftauchen? Meine Damen und Herrn: Die Berge kreißen!«

Schrecken und Schamgefühl ersticken meine Worte. Mehrere Sekunden lang setze ich den Vortrag mit bloßen Handbewegungen fort, wie ein Dirigent vor dem verstummten Orchester. Das Scheitern ist so real und so offensichtlich, daß einige der Umstehenden Mitleid zeigen. »Hervorragend«, höre ich hier und da schreien, um mich zu ermuntern, den Faden wieder aufzunehmen. Unwillkürlich führe ich die Hände an den Kopf und drücke ihn aus Leibeskräften, so als wollte ich das Ende der Geschichte herauspressen. Die Zuschauer ahnen, daß es sich um die legendäre Maus handelt, aber sie täuschen eine krankhafte, leidenschaftliche Neugier vor. Rings um mich hält alles den Atem an. Ich kenne die Spielregeln, und im Grunde macht es mir keinen Spaß, die Leute mit einem Zaubertrick an der Nase herumzuführen. Plötzlich vergesse ich alles. Alles, was ich in der Schule gelernt oder in Büchern gelesen habe. Mein Kopf ist leer. Guten Glaubens und mit reinen Händen fange ich an, die Maus zu verfolgen. Zum ersten Mal tritt eine achtungsvolle Stille ein. Nur hier und da weihen einige der Umstehenden die später Dazugekommenen in die Anfänge des Dramas ein. Ich bin wirklich in Trance und suche wie jemand, der den Verstand verloren hat, überall nach der Lösung.

Ich durchwühle meine Hosentaschen, eine nach der

anderen, und kehre sie nach außen, gebe sie den Blicken des Publikums preis. Ich nehme den Hut ab, schleudere ihn aber sofort weg und verwerfe die Idee, ein Kaninchen daraus hervorzuzaubern. Ich knote die Krawatte auf, mache weiter und vertiefe mich in das Hemd, bis meine Hände erschreckt an den ersten Knöpfen der Hose Halt machen. Ich bin schon der Ohnmacht nahe, da rettet mich das Gesicht einer Frau, in dem plötzlich eine hoffnungsvolle Röte aufsteigt. Wieder sicher auf dem Postament stehend, lege ich in sie alle meine Hoffnungen und erhebe sie in den Stand der Musen, wobei ich vergesse, daß Frauen eine besondere Schwäche für schlüpfrige Themen haben. Die Spannung erreicht in diesem Moment ihren Höhepunkt. Welche mitleidige Seele hat wohl den Krankenwagen benachrichtigt, als sie sah, in welchem Zustand ich mich befand? Die Sirene des Krankenwagens in der Ferne kündet eine endgültige Bedrohung an.

Im letzten Augenblick hält mein erleichtertes Lächeln jene zurück, die, ganz ohne Zweifel, schon bereit waren, mich zu lynchen. Hier unter dem linken Arm in der Achselhöhle spüre ich eine leichte Nestwärme ... Etwas regt sich und bewegt sich ... Sachte lasse ich den Arm am Körper hinuntergleiten, die Hand wie ein Löffel nach innen gewölbt. Und das Wunder geschieht. Durch die Röhre des Ärmels gleitet ein zartes Stückchen Leben. Ich hebe den Arm und strecke triumphierend die Hand aus.

Ich atme auf, und die Masse atmet mit mir auf. Ohne daß ich es merke, gebe ich selbst das Zeichen zum Applaus, und die Ovationen lassen nicht auf sich warten. Im Nu bildet sich eine riesige Schlange, die an der neugeborenen Maus vorbeizieht. Die Eingeweihten treten näher und betrachten sie von allen Seiten; sie überzeugen sich davon, daß sie atmet und sich bewegt. Nie zuvor haben sie etwas Vergleichbares gesehen und gratulieren mir von ganzem Herzen. Kaum haben sie sich einige Schritte entfernt, werden schon die ersten Einwände laut. Sie zweifeln, zucken mit den Achseln und schütteln den Kopf. War ein Trick dabei? Ist das eine wirkliche Maus? Um mich zu beruhigen, wollen einige Fans mich auf den Schultern herumtragen, aber so weit kommt es dann doch nicht. Das Publikum löst sich ganz allmählich auf. Von der Anstrengung erschöpft und fast allein, bin ich bereit, das Tierchen dem erstbesten zu überlassen, der mich darum bittet.

Frauen zeigen fast immer Furcht vor dieser Sorte Nagetiere. Aber jene Frau, deren Gesicht unter allen Gesichtern so strahlte, nähert sich und bittet schüchtern um diese heißgeliebte Frucht der Phantasie. Ich fühle mich über die Maßen geschmeichelt und schenke sie ihr sofort, und meine Verwirrung ist grenzenlos, als sie die Maus liebevoll an die Brust drückt.

Als sie sich dankend verabschiedet, erklärt sie mir recht und schlecht ihr Verhalten, um keine Mißverständnisse aufkommen zu lassen. Angesichts ihrer Erregung höre ich entzückt zu. Sie habe eine Katze, sagt sie, und sie lebe mit ihrem Mann in einem Luxusappartement. Sie wolle ihnen einfach eine kleine Überraschung bereiten. Bei ihr zu Hause wisse niemand, wie so eine Maus eigentlich aussieht.

Wahrlich, ich sage euch

Wer auch immer Interesse daran hat, daß das Kamel durchs Nadelöhr gehe, sollte sich in die Liste der Schirmherren für das Experiment Niklaus eintragen.

Losgelöst von einer Gruppe todbringender Wissenschaftler, die mit Uran, Kobalt und Wasserstoff hantieren, lenkt Arpad Niklaus seine gegenwärtigen Forschungen ganz auf einen karitativen und radikal humanitären Zweck: die Seelenrettung der Reichen.

Er hat ein Forschungsprojekt entwickelt, wonach ein Kamel in seine Bestandteile zerlegt und dann als Elektronenstrahl durch das Nadelöhr geschickt werden soll. Ein Empfangsgerät (das im Prinzip einer Fernsehmattscheibe ähnelt) setzt aus den Elektronen Atome, aus den Atomen Moleküle und aus den Molekülen Zellen zusammen und rekonstruiert augenblicklich das Kamel, so wie es ursprünglich ausgesehen hat. Es ist Niklaus schon gelungen, einen Tropfen schweren Wassers von einer Stelle an eine andere zu versetzen, ohne ihn zu berühren. Außerdem konnte er schon, soweit es die Verschwiegenheit der Materie zuläßt, die Quantenenergie messen, die ein Kamelhuf ausstrahlt. Uns erscheint es hier müßig, den Leser mit dieser astronomischen Zahl zu verblüffen.

Die einzige ernsthafte Schwierigkeit, mit der Professor Niklaus noch nicht fertig wird, besteht darin, daß ihm noch kein eigenes Atomkraftwerk zur Verfügung steht. Solche Anlagen, groß wie Städte, kosten unglaublich viel Geld. Nun ist ein Sonderkomitee damit beschäftigt, durch eine weltweite Kollekte dieses ökonomische Problem zu lösen. Mit den ersten, noch ein bißchen spärlichen Geldbeträgen wird der Druck von Tausenden von Flugblättern, Anteilscheinen und Informationsbroschü-

ren bezahlt; wie auch das bescheidene Salär für Professor Niklaus, damit er seine Berechnungen und Nachforschungen fortführen kann, während die riesigen Laboratorien errichtet werden.
Bis zur Stunde verfügt das Komitee nur über das Kamel und die Nadel. Da die Tierschutzvereine das Projekt gutheißen, weil es für Kamele nicht abträglich, sondern eher heilsam ist (Niklaus spricht von einer möglichen Regeneration aller Zellen), haben die Tiergärten des Landes eine ganze Karawane angeboten. New York hat nicht gezögert, sein berühmtes weißes Dromedar zur Verfügung zu stellen.
Was nun die Nadel betrifft, ist sie Arpad Niklaus' ganzer Stolz, und er hält sie für das Kernstück seines Experiments. Es handelt sich nicht um irgendeine Nadel, sondern um ein wunderbares Objekt, das sein rastloses Forschertalent erfunden hat. Auf den ersten Blick könnte man sie mit einer gemeinen, gewöhnlichen Nadel verwechseln. Frau Niklaus zeigt einen feinen Sinn für Humor, wenn sie die Anzüge ihres Mannes damit ausbessert. Aber ihr Wert ist unschätzbar. Sie besteht aus einem außergewöhnlichen, bisher noch nicht klassifiziertem Metall, dessen chemisches Zeichen – Niklaus sagt da nichts Genaueres – die Vermutung zuläßt, daß es ausschließlich aus Nickelisotopen zusammengesetzt ist. Diese geheimnisvolle Substanz hat die Köpfe der Wissenschaftler schon viel beschäftigt. Jemand vertrat die lächerliche These, daß es sich um ein synthetisches Osmium oder eine Hybridform des Molybdän handele; ein anderer verstieg sich sogar so weit, öffentlich die Worte eines neidischen Kollegen zu verbreiten, der versicherte, er habe das Niklaus'sche Metall in Form kleiner, eingesprengter Kristallklumpen in dichtem Sideritgestein ausfindig gemacht. Gewiß ist nur die Tatsache,

daß die Niklaus'sche Nadel der Reibungswärme eines Elektronenstrahls mit ultrakosmischer Geschwindigkeit standhalten kann.
In einer jener von den abstrusen Mathematikern so geschätzten Erklärungen vergleicht Professor Niklaus das Kamel auf seinem Weg durchs Nadelöhr mit einem Spinnwebfaden. Er sagt, wenn wir mit diesem Faden ein Netz spinnen würden, dann benötigten wir das ganze Weltall, um es auszubreiten, und die sichtbaren und unsichtbaren Sterne blieben wie Tautropfen in ihm hängen. Der besagte Gewebeknäuel mißt Millionen Lichtjahre und Niklaus erbietet sich, ihn in einer dreifünftel Sekunde abzuspulen.
Wie man sieht, ist das Projekt durchaus realistisch und fast schon zu wissenschaftlich. Es genießt bereits die Sympathie und die (offiziell noch nicht bestätigte) moralische Unterstützung der Interplanetarischen Liga in London, deren Präsident der berühmte Olaf Stapledon ist.
In Anbetracht der ganz natürlichen Erwartung und Neugier, die das Niklaus'sche Angebot überall hervorgerufen hat, bemüht sich das Komitee ganz besonders darum, alle Mächtigen dieser Erde zu ermahnen, auf der Hut zu sein vor Scharlatanen, die tote Kamele durch haarfeine Öffnungen schicken. Diese Individuen, die nicht zögern, sich Wissenschaftler zu nennen, sind bloße Hochstapler auf der Jagd nach hoffnungsfrohen Unvorsichtigen. Ihr Vorgehen ist höchst banal, da sie das Kamel in immer weiter verdünnter Schwefelsäure auflösen. Dann destillieren sie die Flüssigkeit mittels einer Wasserdampfuhr durch das Nadelöhr hindurch und glauben das Wunder vollbracht zu haben. Wie man sehen kann, ist dieses Experiment müßig und es hat gar keinen Sinn, es finanziell zu unterstützen. Das Kamel muß vor und nach dem unmöglichen Durchgang lebendig sein.

Statt tausende von Tonnen Wachs zu schmelzen und Geld mit undurchsichtigen Werken der Nächstenliebe zu vergeuden, sollten Personen, die sich für das Ewige Leben interessieren und über störendes Kapital verfügen, die Schirmherrschaft über die Zerlegung des Kamels übernehmen, denn sie ist wissenschaftlich, aufsehenerregend und letzten Endes lukrativ. Von Großmütigkeit zu sprechen, wäre in einem solchen Fall unangebracht. Man muß die Augen schließen und die Brieftasche weit öffnen, wohl wissend, daß alle Ausgaben anteilmäßig gesichert sind. Die Prämie wird für alle Geldgeber gleich sein: Wichtig allein ist, so schnell wie möglich zu zahlen.
Die Höhe des notwendigen Kapitals muß bis zum unvorhersehbaren Ende offen bleiben, und Professor Niklaus hat es in aller Aufrichtigkeit abgelehnt, mit einem Kostenvoranschlag zu arbeiten, der nicht grundsätzlich elastisch ist. Die Anteilseigner haben geduldig und über Jahre hinweg ihre Beitragsquoten zu zahlen. Tausende von Technikern, Geschäftsführern und Arbeitern müssen angeworben, nationale und regionale Subkomitees gegründet werden. Man muß auch von Anfang an Gesellschaftsstatuten vorsehen, die die Nachfolge von Professor Niklaus regeln, ja sie sogar im Detail ausarbeiten, da das Experiment sich leicht über Generationen erstrecken kann. In diesem Zusammenhang sollte auch das vorgerückte Alter des Gelehrten Niklaus nicht unerwähnt bleiben.
Wie alle menschlichen Unternehmungen hat das Experiment Niklaus zwei denkbare Resultate: Mißerfolg oder Erfolg. Abgesehen davon, daß das Problem der persönlichen Rettung vereinfacht wird, könnte der Erfolg des Professors die Unternehmer eines solch mystischen Experiments in Aktionäre einer beispiellosen Transportgesellschaft verwandeln. Es wäre leicht, eine praktische

und ökonomische Zerlegung des Menschen zu entwikkeln. Die Menschen von morgen könnten, in Elektronenblitze aufgelöst, gefahrlos und im Handumdrehen große Entfernungen zurücklegen.
Die Aussicht auf Mißerfolg ist jedoch noch schmeichelhafter. Wenn Arpad Niklaus ein Produzent von Hirngespinsten sein sollte, und wenn ihm nach seinem Tod auch eine ganze Sippschaft von Hochstaplern folgte, würde sein humanitäres Werk an Größe nur gewinnen, wie bei einer geometrischen Reihe oder wie das Gewebe des Huhns, das Carrel gezüchtet hat. Nichts wird seinem Eintritt in die Geschichte als ruhmreicher Begründer der universellen Auflösung von Kapital im Wege stehen. Und die Reichen, die er durch bodenlose Investitionen reihenweise verarmt hat, werden leicht durch das schmale Tor (das Nadelöhr) ins Himmelreich eingehen, selbst wenn das Kamel draußen bleiben müßte.

Das Nashorn

Zehn Jahre lang kämpfte ich mit einem Nashorn; ich bin die geschiedene Frau des Richters McBride.
Joshua McBride besaß mich zehn Jahre lang mit herrischem Egoismus. Ich habe seine Wutanfälle, seine plötzliche Zärtlichkeit und seine feierlich-beharrliche Wollust in tiefer Nacht über mich ergehen lassen.
Ich verzichtete auf die Liebe, noch bevor ich wußte, was das eigentlich ist, denn Joshua bewies mir mit juristischem Scharfsinn, daß die Liebe nur ein Märchen sei, um Dienstmädchen bei guter Laune zu halten. Als Gegenleistung bot er mir seinen Schutz als Ehrenmann an. Der Schutz durch einen Ehrenmann sei aber – wie Joshua zu sagen pflegte – das höchste Ziel einer jeden Frau.
Zehn Jahre lang kämpfte ich Körper an Körper mit dem Nashorn, und mein einziger Sieg bestand darin, es schließlich vor den Scheidungsrichter zu schleifen.
Joshua McBride hat wieder geheiratet, aber diesmal hat er sich in der Wahl vergriffen. Auf der Suche nach einer zweiten Elinor hat er sich in die Brennesseln gesetzt. Pamela ist romantisch und lieblich, aber sie kennt das hilfreiche Geheimnis, mit dem man Nashörner besiegt. Joshua McBride greift frontal an, aber er kann nicht schnell genug wenden. Wenn man plötzlich hinter ihm Position bezieht, muß er sich im Kreis drehen, um von neuem anzugreifen. Pamela packt ihn beim Schwanze, läßt ihn nicht mehr los und kitzelt ihn. Durch so viel im Kreis Drehen wird der Richter allmählich müde, gibt nach und wird gefügig. Seine Wutanfälle sind langsamer und schwerfälliger geworden; seine Predigten verlieren an Glaubwürdigkeit, ganz so als kämen sie aus dem Munde eines verwirrten Schauspielers. Seine Wut steigt schon

nicht mehr an die Oberfläche. Er ist wie ein unterirdischer Vulkan, und Pamela thront lächelnd auf ihm. Ich hatte mit Joshua auf hoher See Schiffbruch erlitten; Pamela treibt wie ein Papierschiffchen auf einer Waschschüssel. Sie ist die Tochter eines klugen, vegetarischen Pastors, der sie in der Kunst unterwies, wie man aus Tigern vernünftige Vegetarier macht.

Kürzlich sah ich Joshua in der Kirche; andächtig hörte er die Sonntagsmesse. Er kam mir dürr und geschrumpft vor. Es scheint, als habe Pamela mit ihren zerbrechlichen Händen sein Körpergewicht vermindert und seinen Rükken gebeugt. Die Blässe des Vegetariers verleiht ihm ein sanftes, kränkliches Aussehen.

Leute, die die McBrides besuchen, erzählen mir erstaunliche Dinge. Sie berichten von merkwürdigen Mahlzeiten, von fleischlosen Mittag- und Abendessen; sie beschreiben mir Joshua, wie er große Schüsseln Salat verschlingt. Natürlich kann er aus solchen Nahrungsmitteln nicht die Energie herausholen, die ihn zu seinen früheren Wutausbrüchen beflügelte. Unerbittliche, barsche Köchinnen haben seine Lieblingsgerichte systematisch verändert oder abgesetzt. Der Vollfette und der Gorgonzola verpesten nicht mehr das eichene Eßzimmer mit ihrem fettigen Gestank. An ihre Stelle traten fade Cremes und geruchlose Käsesorten, die Joshua schweigend ißt, wie ein bestraftes Kind. Die immer lächelnde, freundliche Pamela nimmt Joshua die erst halb aufgerauchte Habana weg, rationiert seinen Pfeifentabak und reduziert den Whisky.

Das alles erzählt man mir. Ich stelle mir gerne vor, wie die beiden ganz allein an dem langen, schmalen Tisch beim kalten Schein der Lüster sitzen und ihr Abendessen verzehren. Unter der Obhut der weisen Pamela verschlingt der Vielfraß Joshua wütend seine leichten Speisen. Aber mit besonderer Genugtuung erfüllt mich der

Gedanke, wie das Nashorn in Pantoffeln und mit einem Schlafrock über seinem großen, unförmigen Körper zur fortgeschrittenen Nachtstunde schüchtern und beharrlich vor einer hartnäckig verschlossenen Tür bettelt.

Die Vogelspinne

Die Vogelspinne läuft frei im Haus herum, aber ich spüre unvermindert Angst und Schrecken.
An dem Tag, als Beatrix und ich jene schmuddelige Jahrmarktsbude betraten, wurde mir klar, daß dieses abstoßende Spinnentier das Gräßlichste war, was mir das Schicksal bescheren konnte. Schlimmer noch als Verachtung und Mitleid, die sich plötzlich in einem klaren Blick auftun.
Einige Tage später kehrte ich zurück, um die Vogelspinne zu kaufen, und der überraschte Gaukler gab mir noch einige Hinweise auf ihre seltsamen Verhaltens- und Freßgewohnheiten mit auf den Weg. Da begriff ich, daß ich ein für allemal die totale Bedrohung, die größte Dosis an Schrecken in Händen hielt, die meine Vorstellung würde ertragen können. Ich erinnere mich noch an meine ängstlichen, zögernden Schritte, als ich beim Nachhausekommen das geballte, federleichte Gewicht der Spinne spürte, jenes Gewicht, von dem ich sehr genau das Gewicht der Holzschachtel, in der ich sie trug, unterscheiden konnte, so als handelte es sich um zwei ganz verschiedene Gewichte: Das der unschuldigen Schachtel und das des widerlichen, giftigen Tiers, das mich wie ein verhängnisvoller Ballast nach unten zog. In dieser Schachtel befand sich meine private Hölle, und sie würde ich in meine Wohnung aufnehmen, um die andere Hölle, die ungeheuerliche Hölle der Menschen zu zerstören, zu annullieren.
Jener denkwürdige Abend, an dem ich die Vogelspinne in meiner Wohnung aussetzte und sah, wie sie krebsartig davonlief und sich unter einem Möbel versteckte, war der Anfang eines unbeschreiblichen Lebens. Seit dieser Zeit

ist jeder Moment, über den ich verfüge, von den Schritten der Spinne gezeichnet, die die Wohnung mit ihrer unsichtbaren Gegenwart ausfüllt.
Jede Nacht zittre ich in Erwartung des tödlichen Bisses. Oft wache ich eiskalt, verkrampft und starr auf, weil der Traum mit äußerster Genauigkeit die Empfindung ihres kitzelnden Schrittes auf meiner Haut entstehen ließ, ihr undefinierbares Gewicht, ihre Weichteilkonsistenz. Doch werde ich am nächsten Morgen immer wieder wach. Ich bin noch am Leben, und umsonst hat sich meine Seele vorbereitet und geläutert.
An manchen Tagen denke ich, daß die Vogelspinne verschwunden, daß sie weggelaufen oder gestorben ist. Aber ich unternehme nichts, um mir Klarheit zu verschaffen. So überlasse ich es dem Zufall, ob sie plötzlich vor mir auftaucht, wenn ich aus dem Badezimmer komme oder während ich mich entkleide, um ins Bett zu gehen. Manchmal trägt die Stille der Nacht den Widerhall ihrer Schritte an mein Ohr, die ich zu hören gelernt habe, obwohl ich weiß, daß sie nicht wahrnehmbar sind.
Tagelang bleibt das Fressen, das ich ihr abends hinstelle, unberührt. Wenn es verschwindet, weiß ich nicht, ob es die Vogelspinne oder irgendein anderer, harmloser Gast des Hauses gefressen hat. Allmählich glaube ich sogar, daß ich vielleicht Opfer einer Selbsttäuschung werde, und daß ich auf Gedeih und Verderb einer falschen Vogelspinne ausgeliefert bin. Vielleicht hat mich auch der Gaukler betrogen, indem er mich einen hohen Preis für einen zwar widerlichen, aber harmlosen Skarabäus bezahlen ließ.
Aber in Wirklichkeit ist das nicht weiter von Bedeutung, denn ich bin der Vogelspinne mit der Sicherheit eines nur aufgeschobenen Todes verfallen. In den unerträglichen Stunden meiner Schlaflosigkeit, wenn ich mich in Vermu-

tungen verliere und nichts mich beruhigen kann, pflegt mich die Vogelspinne zu besuchen. Sie irrt ziellos durchs Zimmer und versucht ungeschickt, an den Wänden hochzulaufen. Sie hält inne, hebt den Kopf und bewegt die Fühler. Sie scheint erregt einen unsichtbaren Begleiter zu wittern.

Dann, vor Einsamkeit schaudernd, von dem kleinen Monstrum in die Enge getrieben, dann erinnere ich mich, daß ich früher von Beatrix träumte und von der Unmöglichkeit, mit ihr zusammen zu leben.

Der Weichensteller

Der Fremde kam außer Atem an der menschenleeren Bahnstation an. Sein großer Koffer, den niemand tragen wollte, hatte ihn völlig erschöpft. Er wischte sich mit dem Taschentuch durchs Gesicht, schirmte die Augen mit der Hand ab und sah den Gleisen nach, die sich am Horizont verloren. Etwas mutlos und nachdenklich blickte er auf seine Uhr: Eigentlich hätte der Zug genau jetzt abfahren müssen.

Jemand, der wie aus dem Nichts aufgetaucht war, klopfte ihm sanft auf die Schulter. Als der Fremde sich umdrehte, stand er vor einem alten Männchen, das eine gewisse Ähnlichkeit mit einem Eisenbahner nicht verleugnen konnte. Es trug eine rote, winzig kleine Laterne in der Hand, fast hätte man sie für eine Spielzeuglaterne halten können. Lächelnd blickte es den Reisenden an, der ihn ängstlich fragte:

– »Verzeihen Sie, ist der Zug etwa schon abgefahren?«

– »Sie sind wohl noch nicht lange in diesem Land?«

– »Ich muß schnellstens abfahren. Morgen früh muß ich in T. eintreffen.«

– »Man merkt gleich, daß Sie überhaupt nicht Bescheid wissen. Sie sollten sich jetzt erst einmal in dem Gasthof für Reisende einquartieren«, und er zeigte auf ein seltsames, graues Gebäude, das eher wie ein Gefängnis aussah.

– »Aber ich will doch gar nicht übernachten, sondern den nächsten Zug nehmen.«

– »Sie tun gut daran, sich sofort einzumieten, falls noch Zimmer frei sind. Wenn möglich, mieten Sie es gleich für einen Monat; das ist billiger, und man wird sie zuvorkommender behandeln.«

– »Sind Sie verrückt? Ich muß morgen in T. sein.«

– »Offen gestanden, sollte ich Sie Ihrem Schicksal überlassen. Trotzdem will ich Ihnen aber einige Auskünfte geben.«

»Ja, bitte.«

– »Wie Sie wissen, ist dieses Land berühmt für seine Eisenbahnen. Man hat sie zwar bis heute noch nicht hinreichend organisieren können, aber was die Veröffentlichung der Fahrpläne und die Fahrkartenausgabe betrifft, ist schon Großes geleistet worden. Die Fahrpläne berücksichtigen jedes Fleckchen im Lande und verbinden alle miteinander. Man gibt Fahrkarten aus bis zu den kleinsten und entlegensten Dörfchen. Die Züge müßten jetzt nur nach Plan fahren und die Bahnhöfe auch tatsächlich erreichen. Die Bewohner des Landes sähen das wohl gern, aber vorerst haben sie sich mit den Unregelmäßigkeiten im Zugverkehr abgefunden, und ihr Patriotismus verbietet es ihnen ohnehin, ihren Unmut offen zu zeigen.«

– »Fährt denn überhaupt ein Zug durch diese Stadt?«

– »Es zu bejahen, hieße eine Ungenauigkeit begehen. Wie Sie sich selbst überzeugen können, sind immerhin Gleise vorhanden, auch wenn sie ein bißchen verkommen aussehen. In anderen Ortschaften sind sie bloß mit zwei Kreidestrichen auf dem Boden angedeutet. Unter den gegenwärtigen Umständen braucht ein Zug nicht unbedingt hier durchzufahren, aber nichts steht dagegen, daß es doch geschieht. In meinem Leben habe ich viele Züge hier durchfahren sehen und auch einige Reisende gekannt, die eingestiegen sind. Falls Sie lange genug warten, habe ich vielleicht sogar noch selbst die Ehre, Ihnen beim Einsteigen in einen herrlich bequemen Wagen behilflich zu sein.«

– »Wird mich dieser Zug auch nach T. bringen?«

– »Warum versteifen Sie sich unbedingt auf T.? Sie sollten

zufrieden sein, wenn Sie überhaupt einsteigen dürfen. Wenn Sie einmal im Zug sind, wird Ihr Leben bestimmt irgendeine Richtung nehmen. Ist es dann eigentlich noch von Bedeutung, wenn diese Richtung nicht nach T. führt?«

– »Ich habe aber eine gültige Fahrkarte nach T. Folglich muß ich auch an diesen Ort gebracht werden, oder irre ich?«

– »Keiner wird leugnen, daß Sie im Recht sind. Im Hotel werden Sie Personen treffen, die in weiser Voraussicht eine große Menge von Fahrkarten gekauft haben. Normalerweise kaufen vorsichtige Personen Fahrkarten nach allen Ecken des Landes. Manche haben ein Vermögen für Fahrkarten ausgegeben . . .«

– »Ich war der Meinung, daß eine Fahrkarte genügt, um nach T. zu fahren. Sehen Sie . . .«

– »Die nächste Strecke der nationalen Eisenbahnen wird mit dem Geld einer einzigen Person gebaut, die gerade ihr Riesenvermögen in Hin- und Rückfahrkarten zu Orten an einer Bahnstrecke angelegt hat, deren Konstruktionspläne, die lange Tunnel und Brücken vorsehen, bisher nicht einmal von den Ingenieuren der ausführenden Firma abgezeichnet wurden.«

– »Ist denn der Zug, der über T. fährt, überhaupt schon in Betrieb?«

– »Nicht allein der. Im ganzen Land verkehren schon sehr viele Züge, und die Reisenden können sie sogar ziemlich häufig benutzen, wenn sie dabei berücksichtigen, daß diese Dienstleistung noch nicht zuverlässig und definitiv ist. Anders ausgedrückt, niemand erwartet, wenn er in irgendeinen Zug steigt, daß er auch dort ankommt, wohin er eigentlich fahren wollte.«

– »Wie soll ich das verstehen?«

– »In ihrem Eifer, den Bürgern des Landes zu Diensten

zu sein, scheut die Eisenbahngesellschaft auch vor gewissen verzweifelten Maßnahmen nicht zurück. Sie läßt Züge zu völlig unzugänglichen Ortschaften fahren. Oft brauchen diese Expeditionszüge mehrere Jahre, um an ihr Ziel zu gelangen, wobei das Leben der Reisenden einschneidenden Veränderungen unterworfen wird. Bei solchen Reisen sind oft Todesfälle zu beklagen, aber die Eisenbahngesellschaft, die an alles denkt, hat den Zügen deshalb einen Katafalk- und einen Friedhofswagen angehängt. Die Schaffner erfüllt es mit Stolz, wenn sie die prächtig einbalsamierte Leiche eines Reisenden auf dem Bahnsteig jener Station absetzen können, für die er die Fahrkarte gelöst hatte. Gelegentlich fahren diese Expeditionszüge über Strecken mit nur einer Schiene. Die eine Seite der Wagen wird durch die Stöße der Räder auf die Schwellen ganz jämmerlich geschüttelt. Reisende erster Klasse – und das ist eine andere weise Maßnahme der Gesellschaft – sitzen auf der Seite der Schiene. Reisende zweiter Klasse müssen die Stöße resigniert über sich ergehen lassen. Aber es gibt auch Strecken, auf denen beide Schienen fehlen. So trifft es alle Reisenden gleich hart, bis der Zug endlich völlig auseinanderfällt.«

– »Um Gottes willen!«

– »Wissen Sie, die Ortschaft F. ist durch ein solches Unglück entstanden. Der Zug geriet in ein unzugängliches Gelände. Im Sand haben sich die Räder bis zu den Achsen festgefressen. Die Reisenden waren so lange beisammen, daß sich aus den unvermeidbaren, banalen Unterhaltungen enge Freundschaften entwickelt hatten. Einige dieser Freundschaften verwandelten sich in Liebschaften, und so kam es, daß das Dorf F. heute eine fortschrittliche Ortschaft ist, in der es von frechen Kindern wimmelt, die mit den verrotteten Resten der Bahn spielen.«

– »Meine Güte, für solche Abenteuer bin ich völlig ungeeignet!«

– »Sie müssen sich erst einmal beruhigen, vielleicht wird aus Ihnen doch noch ein Held. Glauben Sie ja nicht, es fehle an Gelegenheiten, bei denen die Reisenden ihren Mut und ihre Opferbereitschaft zeigen könnten. Kürzlich haben zweihundert unbekannte Reisende eines der größten Ruhmesblätter in die Annalen unserer Eisenbahn geschrieben. Bei einer Probefahrt stellte der Lokführer nämlich gerade noch rechtzeitig fest, daß den Baumeistern der Strecke ein schwerwiegendes Versehen unterlaufen war. Sie hatten die Brücke, die einen Abgrund überspannen sollte, einfach vergessen. Der Lokführer richtete nun, statt wieder zurückzufahren, eine Ansprache an die Reisenden und erhielt von ihnen die notwendige Unterstützung, um die Fahrt fortzusetzen. Unter seiner energischen Leitung wurde der Zug in seine Einzelteile zerlegt und auf den Schultern zur anderen Seite des Abgrunds getragen. Dazu kam noch die Überraschung, daß unten im Tal ein reißender Fluß floß. Das Ergebnis dieser Bravourleistung war so zufriedenstellend, daß die Gesellschaft jetzt endgültig auf den Bau der Brücke verzichtet hat und sich darauf beschränkt, den wagemutigen Reisenden, die diese zusätzliche Unannehmlichkeit auf sich nehmen, einen beachtlichen Preisnachlaß zu gewähren.«

– »Aber ich muß morgen unbedingt in T. sein!«

– »Schon gut! Es gefällt mir, daß Sie von Ihrem Plan nicht abzubringen sind. Man sieht, daß Sie ein Mann mit Grundsätzen sind. Mieten Sie sich dennoch in dem Gasthof ein und steigen Sie in den erstbesten Zug, der hier durchfährt. Sie sollten es wenigstens probieren; denn tausend Personen werden Sie daran zu hindern suchen. Beim Eintreffen eines Zuges stürzen die über das allzu lange Warten verärgerten Reisenden wie ein ungezügelter Haufen aus dem Hotel, und lärmend erstürmen sie den Bahnhof. Oftmals kommt es zu Unfällen, weil sie die einfachsten Regeln der Höflichkeit und Vorsicht außer acht lassen. Statt geordnet einzusteigen, drücken sie sich lieber gegenseitig tot; zumindest hindern sie sich definitiv am Einsteigen, und der Zug läßt sie empört auf dem Bahnsteig zurück. Die erschöpften und aufgebrachten Reisenden werfen sich ihren Mangel an guter Kinderstube vor und verbringen viel Zeit damit, sich gegenseitig zu beschimpfen und zu verprügeln.«

– »Und die Polizei schreitet nicht ein?«

– »Man hat versucht, jedem Bahnhof ein Polizeikontingent zuzuteilen, aber die unvorhersehbare Ankunft der Züge machte diese Dienstleistung unmöglich und dazu äußerst kostspielig. Außerdem stellte sich sehr bald heraus, daß diese Polizisten bestechlich waren, da sie nur die wohlsituierten Reisenden bei ihrem Auszug aus dem Hotel beschützten; als Gegenleistung erhielten sie dafür alles, was diese bei sich trugen. Es wurde daher beschlossen, Spezialschulen einzurichten, in denen die zukünftigen Reisenden Unterricht in gesittetem Benehmen und entsprechendes Training erhielten. Man zeigte ihnen, wie man am besten einen Zug besteigt, selbst wenn er schon fahren und sogar ziemlich schnell fahren sollte. Sie erhalten auch eine Art Rüstung, die verhindern soll, daß andere Passagiere ihnen die Rippen brechen.«

– »Wenn man dann einmal im Zug sitzt, ist man dann wenigstens vor neuen Zwischenfällen sicher?«

– »Relativ sicher. Ich würde Ihnen nur empfehlen, sich die Stationen genau anzusehen. Es kann passieren, daß Sie glauben, Sie seien in T. angekommen, und in Wirklichkeit ist es nur eine Täuschung. Um das Leben in den überfüllten Zügen einigermaßen zu regeln, mußte die

Gesellschaft zu gewissen Tricks greifen. Es gibt Bahnhöfe, die bloße Atrappen sind: Man hat sie mitten im Urwald aufgebaut, und sie tragen den Namen irgendeiner bedeutenden Stadt. Ein wenig Aufmerksamkeit genügt aber schon, um den Schwindel zu durchschauen. Sie sehen wie Bühnenbilder aus, und die Menschen, die da herumstehen, sind mit Sägemehl gefüllt. Diesen Puppen sieht man es nur allzu leicht an, daß sie Wind und Wetter ausgesetzt sind, aber manchmal sind sie auch ein perfektes Abbild der Wirklichkeit: Ihre Gesichter sind von einer unendlichen Müdigkeit gezeichnet.«

– »Zum Glück ist es nicht weit von hier nach T.«

– »Zur Zeit verkehren keine durchgehenden Züge nach T. Dennoch läßt sich die Möglichkeit nicht ausschließen, daß Sie noch morgen T. erreichen, wie Sie es ja wünschen. Die Organisation der Eisenbahnen, wenn auch unzureichend, schließt die Möglichkeit einer Reise ohne Unterbrechungen dennoch nicht aus. Stellen Sie sich vor, da gibt es Personen, denen ist überhaupt nicht bewußt, was hier vor sich geht. Sie kaufen einfach eine Fahrkarte nach T. Dann kommt ein Zug, sie steigen ein, und am nächsten Morgen hören sie den Schaffner rufen: »Wir sind in T«. Ohne irgendwelche Vorsichtsmaßnahmen zu treffen, steigen die Reisenden aus und befinden sich in der Tat in T.«

– »Kann ich ein derartiges Ereignis irgendwie beeinflussen?«

– »Natürlich können Sie das. Niemand kann Ihnen aber sagen, ob Sie auch wirklich Erfolg haben. Auf alle Fälle sollten Sie es versuchen. Nehmen Sie den Zug mit der festen Überzeugung, daß Sie in T. ankommen werden. Sprechen Sie mit keinem Mitreisenden. Die Reiseerlebnisse der anderen könnten Sie entmutigen; man könnte Sie sogar bei der Verwaltung anzeigen.«

– »Was sagen Sie da?«

– »Angesichts der momentanen Lage wimmelt es in den Zügen von Spitzeln. Diese meist freiwilligen Spitzel haben ihr Leben in den Dienst der konstruktiven Denkweise des Unternehmens gestellt. Manchmal redet man ja nur so, ohne zu wissen, was man redet. Aber sie begreifen sofort alle inhaltlichen Nuancen eines noch so belanglosen Satzes. Etwas einfach Dahingesagtes legen sie als kriminelle Meinung aus. Sollte Ihnen auch nur die geringste Unvorsichtigkeit unterlaufen, würde man Sie festnehmen; den Rest Ihres Lebens verbrächten Sie dann im Gefängniswagen, oder man würde Sie, irgendwo im Urwald, an einer Scheinstation absetzen. Reisen Sie guten Mutes, verzehren Sie so wenig wie möglich von Ihren Vorräten und setzen Sie die Füße nicht eher auf den Bahnsteig von T., ehe Sie nicht irgendein bekanntes Gesicht entdeckt haben.«

– »Aber ich kenne doch niemanden in T.«

– »In diesem Fall müssen Sie doppelte Umsicht walten lassen. Während der Reise, das kann ich Ihnen versichern, werden Sie vielen Versuchungen ausgesetzt sein. Blicken Sie durch das Fenster, sind Sie ständig verleitet, irgendeinem Trugbild auf den Leim zu gehen. Die Fenster sind mit raffinierten Vorrichtungen ausgestattet, die im Kopf der Reisenden die unterschiedlichsten Sinnestäuschungen hervorrufen. Man muß kein Dummkopf sein, um auf sie hereinzufallen. Gewisse Maschinen, die von der Lokomotive aus bedient werden, lassen durch ihre Geräusche und Bewegungen den Eindruck entstehen, als befände sich der Zug in Fahrt. Trotzdem rührt er sich wochenlang nicht vom Fleck, während vor den Augen der Reisenden die fesselndsten Landschaften vorbeiziehen.«

– »Welches Ziel verfolgt man damit?«

– »All das unternimmt die Gesellschaft in der gesunden Absicht, die Angst der Reisenden zu dämpfen und so weit wie möglich das Gefühl des Transportiertwerdens auszuschalten. Es besteht der Wunsch, daß sich die Reisenden eines Tages blindlings dem Zufall anvertrauen, ihr Schicksal in die Hände einer allmächtigen Gesellschaft legen, ohne überhaupt noch wissen zu wollen, woher sie kommen und wohin sie fahren.«

– »Und Sie, sind Sie viel mit der Bahn gefahren?«

– »Ich, mein Herr, bin nur Weichensteller. Um die Wahrheit zu sagen, ich bin schon pensioniert und komme nur ab und zu her, um mich an die guten alten Zeiten zu erinnern. Ich bin nie verreist und habe auch keine Lust dazu. Aber die Reisenden erzählen mir so manches. Ich weiß, daß die Bahn noch viele andere Ortschaften gegründet hat als das Dorf F., von dessen Entstehung ich Ihnen erzählt habe. Manchmal erhält das Zugpersonal geheimnisvolle Weisungen. Sie fordern die Reisenden meistens unter dem Vorwand, die Sehenswürdigkeiten eines bestimmten Ortes zu bewundern, zum Aussteigen auf. Man erzählt ihnen von Grotten, Wasserfällen und berühmten Ruinen. ›Sie haben fünfzehn Minuten, um sich diese oder jene Höhle anzusehen‹, sagt der Schaffner freundlich. Wenn die Reisenden in sicherer Entfernung sind, sucht der Zug mit Volldampf das Weite.«

– »Und die Reisenden?«

– »Eine Zeitlang irren sie bestürzt von einem Ort zum anderen. Schließlich tun sie sich zusammen und gründen eine Siedlung. Diese Überraschungsstops verlegt man an geeignete Orte, d. h. weit entfernt von jeglicher Zivilisation und gut ausgestattet mit natürlichen Reichtümern. Dort setzt man ausgesuchte Gruppen ab; meist junge Leute, wobei es an Frauen nicht fehlt. Hätten Sie nicht Lust, Ihren Lebensabend mit einem jungen Mädchen in einer unbekannten, malerischen Ortschaft zu verbringen?«

Das alte Männchen lächelte schalkhaft und beobachtete den Reisenden spitzbübisch und voll Gutmütigkeit. Im gleichen Moment hörte man es in der Ferne pfeifen. Der Weichensteller machte einen Luftsprung und schwenkte seine Laterne albern und sinnlos durch die Luft.

– »Ist das der Zug?« – fragte der Fremde.

Der Alte lief wie ein Irrer den Gleiskörper entlang. Aus einiger Entfernung drehte er sich um und schrie:

»Sie haben Glück! Morgen werden Sie in Ihrer berühmten Ortschaft ankommen. Wie heißt sie noch?«

– »X!« – rief der Reisende zurück.

In diesem Augenblick löste sich das alte Männchen im klaren Morgen auf. Aber man sah noch den roten Punkt der Lampe, wie er sich entfernte, unvorsichtig zwischen den Gleisen hüpfend und springend, dem Zug entgegen.

Aus der Tiefe der Landschaft näherte sich die Lokomotive wie ein lärmendes Wunder.

Der Schüler

Die herrlichste Kappe, die ich je gesehen habe, gehört Andreas Salaino: Sie ist aus schwarzem Atlas, mit Hermelin abgesetzt und mit breiten Schnüren aus Silber und Ebenholz versehen. Der Meister hat sie von einem venezianischen Kaufmann erstanden, und sie ist wirklich eines Fürsten würdig. Um mich nicht zu kränken, kaufte er mir, als wir über den Alten Markt gingen, dieses graue Filzbarett. Dann ließ er uns gegenseitig Modell stehen, um die Neuerwerbungen zu feiern.

Nachdem ich meinen Unwillen überwunden hatte, zeichnete ich den Kopf Salainos, den schönsten Kopf, den meine Hand je gemalt hat. Man sieht Andrés, herausgeputzt mit seiner herrlichen Kappe und der hochmütigen Gebärde, wie er durch die Straßen von Florenz geht und sich mit seinen achtzehn Jahren für einen Meister der Malerei hält. Salaino porträtierte mich seinerseits mit der lächerlichen Mütze und dem Ausdruck eines Bauern, der gerade aus San Sepolcro angekommen ist. Der Meister ergötzte sich an unseren Arbeiten und verspürte selber Lust zu zeichnen. Er sagte: »Salaino hat Humor und ist nicht in die Falle gelaufen.« Dann wandte er sich mir zu: »Du glaubst immer noch an die Schönheit. Das wirst du sehr teuer bezahlen. In deiner Zeichnung fehlt keine einzige Linie, aber viele sind überflüssig. Bringt mir Papier. Ich werde euch zeigen, wie man die Schönheit zerstört.«

Mit einem Kohlestift entwarf er die Umrisse eines herrlichen Antlitzes: Das Gesicht eines Engels, vielleicht das einer schönen Frau. »Schaut«, sagte er, »hier entsteht Schönheit. Diese zwei dunklen Höhlen sind die Augen; diese kaum wahrnehmbaren Linien der Mund. Dem ganzen Gesicht fehlt es an Schärfe. Das ist die Schönheit.« Und dann, mit einem Augenzwinkern: »Machen wir Schluß mit ihr.« Und in kurzer Zeit entstanden aus den vielen dahingeworfenen Linien lichte und dunkle Stellen, und er erschuf aus dem Gedächtnis vor meinen erstaunten Augen das Portrait der Gioia. Die gleichen dunklen Augen, das gleiche ovale Gesicht, das gleiche kaum wahrnehmbare Lächeln.

Als ich ganz verzückt dastand, unterbrach der Meister seine Arbeit und begann auf seltsame Weise zu lachen. »Mit der Schönheit ist es aus«, sagte er, »was bleibt, ist diese niederträchtige Karikatur.« Ohne zu begreifen, fuhr ich fort in der Betrachtung jenes strahlenden, offenen Gesichts. Da zerriß der Meister plötzlich die Zeichnung und warf die beiden Stücke ins Kaminfeuer. Der Schrekken lähmte mich. Und dann tat er etwas, was ich weder vergessen noch vergeben kann. Ganz gegen sein gewohntes Schweigen begann er zu lachen, und zwar ein gehässiges, besessenes Lachen. »Geh, schnell, rette deine Herrin aus dem Feuer!« Er nahm meine rechte Hand und wendete mit ihr die brüchige Papierasche. Zum letzten Male sah ich Gioias Gesicht zwischen den Flammen lächeln.

Ich weinte schweigend in meine wunde Hand, während Salaino den üblen Scherz des Meisters lauthals feierte.

Aber ich glaube weiter an die Schönheit. Ich werde kein großer Maler werden, und umsonst habe ich die Gerätschaften meines Vaters in San Sepolcro vergessen. Ich werde kein großer Maler sein, und Gioia wird den Sohn eines Pfeffersacks heiraten. Aber ich glaube weiter an die Schönheit.

Verwirrt laufe ich aus der Werkstatt des Meisters und irre planlos durch die Straßen. Die Schönheit umgibt mich, über Florenz regnet es golden und blau. Ich sehe sie in

ias dunklen Augen und im arroganten Gehabe Salai-
s, wie er sich mit seiner Firlefanzkappe ziert. An den Ufern des Flusses bleibe ich stehen und betrachte meine beiden unbegabten Hände.
Langsam schwindet das Licht, und der Campanile zeichnet seine dunkle Silhouette gegen den Himmel. Allmählich wird das Panorama von Florenz dunkler, wie eine Zeichnung, auf der sich zu viele Striche anhäufen. Eine Glocke verkündet den Beginn der Nacht.
Erschreckt betaste ich meinen Körper und beginne zu laufen, voller Furcht, ich könnte mich in der Abenddämmerung auflösen. In den letzten Wolken glaube ich das kalte, entzauberte Lächeln meines Meisters zu erkennen, das mein Herz erstarren läßt. Mit gesenktem Haupt und langsamem Schritt laufe ich durch die Straßen, die dunkler und dunkler werden; ich bin sicher, daß ich mich im Vergessen der Menschen verlieren werde.

In der Bibliothek verfolgte er sie zwischen Tischen, Stühlen und Pulten. Sie wich aus und sprach von den Rechten der Frau, die so unendlich oft vergewaltigt wurden. Fünftausend sinnlose Jahre trennten sie. Fünftausend Jahre lang ist sie unerbittlich drangsaliert, geringgeschätzt und zur Sklaverei verdammt worden. Mit Hilfe eines nicht sehr gelungenen Eigenlobs, das er in überstürzten, abgehackten Sätzen und mit zitternden Gebärden hervorbrachte, versuchte er sich zu rechtfertigen.

Vergeblich suchte er die Texte, die seine Theorien hätten stützen können. Die Bibliothek, eine Sammlung der spanischen Literatur aus dem 16. und 17. Jahrhundert, ist ein breit angelegtes, feindliches Lager mit Kommentaren über den Ehrbegriff und einige andere Abstrusitäten gleichen Kalibers.

Der junge Mann wurde nicht müde, J. J. Bachofen zu zitieren, jenen Weisen, den alle Frauen lesen sollten, weil er sie auf ihre bedeutsame Rolle in der Frühgeschichte aufmerksam gemacht hat. Wären seine Bücher vorhanden gewesen, hätte er dem Mädchen das Bild jener dunklen, von der Frau beherrschten Zivilisation entworfen, als die Erde noch an allen Stellen die versteckte Feuchtigkeit des Inneren auswies, und der Mann danach trachtete, sich mit Pfahlbauten darüber zu erheben.

Aber alle diese Dinge ließen das Mädchen kalt. Jene matriarchalische Zeit, die unglücklicherweise historisch nicht belegt und kaum nachweisbar ist, schien ihren Unwillen eher zu vergrößern. Von Bücherregal zu Bücherregal entwischte sie ihm, lief manchmal die kleinen Treppen hinauf und überhäufte den jungen Mann mit einem Schwall von Schimpfwörtern. Glücklicherweise kam ihm in der Niederlage etwas zu Hilfe. Er erinnerte sich ganz plötzlich an Heinz Wölpe. Als er diesen Autor zitierte, klang seine Stimme wie umgewandelt und überzeugend.

»Im Anfang gab es nur ein Geschlecht, natürlich das weibliche, und es pflanzte sich von selbst fort. Ein mittelmäßiges Wesen tauchte sporadisch auf und führte, angesichts dieser überwältigenden Mutterschaft, ein ungewisses, nutzloses Leben. Ganz allmählich hat es sich aber dennoch gewisse unverzichtbare Organe angeeignet. Irgendwann hat es sich dann unentbehrlich gemacht. Zu spät begriff die Frau, daß ihr schon die Hälfte ihrer Teile fehlte, und von nun an mußte sie sie im Mann suchen, der gerade wegen dieser fortschreitenden Trennung zum Mann wurde und durch diesen zufälligen Rückschritt an seinen Ausgangspunkt gelangte.«

Die Theorie Wölpes verführte das Mädchen. Zärtlich betrachtete es den jungen Mann. »Der Mann ist ein Kind, das sich in der ganzen Geschichte seiner Mutter gegenüber schlecht benommen hat«, sagte sie, und dabei kamen ihr fast die Tränen.

Indem sie ihm vergab, verzieh sie allen Männern. In ihren Augen funkelte kein Haß mehr; und ihr Blick senkte sich wie der einer Madonna. Ihr Mund, der vorher hart vor Verachtung war, wurde weich und süß wie eine Frucht. Er spürte, wie ihren Händen und ihren Lippen mythologische Zärtlichkeiten entsprossen. Zitternd näherte er sich Eva, und Eva floh nicht.

Und dort in der Bibliothek, in jener verwirrenden und ungeeigneten Umgebung, zu Füßen der Folianten einer geistreichen Literatur, begann die uralte Episode, genau wie damals in den Pfahlbauten.

Dorfgeschichte

Als Don Fulgencio am Morgen im letzten, kargen Dämmerschlaf den Kopf zur anderen Seite drehte, mußte er sich mächtig anstrengen und spießte dabei sein Kopfkissen auf. Er öffnete die Augen. Was bis dahin nur eine vage Vermutung war, wurde zur messerscharfen Gewißheit.

Mit einer kräftigen Nackenbewegung hob Don Fulgencio den Kopf, und das Kopfkissen wirbelte durch die Luft. Als er im Spiegel sah, daß er sich in ein prachtvolles Exemplar mit gekräuseltem Stirnhaar und herrlichen Hörnern verwandelt hatte, konnte er seine Bewunderung nicht unterdrücken. Tief in der Stirn waren die Hörner verwurzelt, sie waren weißlich an ihrem Ansatz, gesprenkelt in der Mitte und liefen an den Enden schwarz und spitz zu.

Das erste, was Don Fulgencio in den Sinn kam, war, seinen Hut aufzusetzen. Verdrießlich mußte er ihn im Nacken tragen: Das gab ihm ein gewisses prahlerisches Aussehen.

Für einen gewissenhaften Menschen wie Don Fulgencio ist das Hörnertragen an sich noch kein hinreichender Grund, um den Lauf seiner Geschäfte zu unterbrechen. Mit äußerster Sorgfalt widmete sich Don Fulgencio der Pflege seiner gesamten Person, vom Scheitel bis zur Sohle. Nachdem er die Schuhe poliert hatte, bürstete Don Fulgencio leicht über seine Hörner, die ohnehin schon glänzten.

Mit feinstem Zartgefühl bereitete ihm seine Frau das Frühstück. Nicht eine einzige Geste des Erstaunens, nicht die geringste Anspielung, die den edlen und gutmütigen Ehemann hätten verletzen können; nur ein sanfter,

furchtsamer Blick flatterte umher, als wage er nicht, auf den scharfen Hornenden zu verweilen.
Der Abschiedskuß in der Tür war wie der Stich des Brandeisens. Don Fulgencio trat schnaubend auf die Straße hinaus, bereit, den Kampf mit seinem neuen Leben aufzunehmen.
Die Leute grüßten ihn wie gewohnt; aber als ein junger Bursche ihm den Bürgersteig überließ, erriet Don Fulgencio an der ausweichenden Körperbewegung eine Anspielung auf den Stierkampf. Und eine Alte, die gerade aus der Messe kam, warf ihm einen jener fabelhaften Blicke zu, die hinterhältig und zusammengerollt wie eine Serpentine sind. Als der Beleidigte auf sie losgehen wollte, verschwand die alte Vettel in ihrem Haus wie der Matador hinter der Schutzwand. Don Fulgencio stieß so heftig gegen die eiligst verriegelte Tür, daß er Sterne sah. Diese Hörner waren ganz und gar nicht Schein, sondern standen noch mit den letzten Verästelungen seines Knochengerüsts in Verbindung. Er spürte den Stoß und die Demütigung bis in die Zehenspitzen.
Gottlob brachte das seinem Geschäft weder Schimpf noch Schaden. Begeistert strömten die Mandanten herbei, denn seine Angriffslust als Ankläger und als Verteidiger wurde immer offenbarer. Die streitenden Parteien kamen von weit her, um den Beistand eines Rechtsanwalts mit Hörnern zu suchen.
Aber das beschauliche Leben des kleinen Ortes nahm rings um ihn herum den Charakter einer nervenaufreibenden, wilden Belustigung an voll derber, grobschlächtiger Späße. Für nichts und wieder nichts teilte Don Fulgencio nach rechts und links Hiebe aus. Um die Wahrheit zu sagen, niemand spielte offen auf seine Hörner an; vielleicht nahm man sie nicht einmal wahr. Aber bei der geringsten Unachtsamkeit waren alle zur

Stelle, um ihm ein paar schöne Banderillas aufzustecken. Wenn er es am wenigsten erwartete, waren selbst die Schüchternsten noch dabei, wenn es galt, sich über ihn lustig zu machen oder ihm eins auszuwischen. Einige Caballeros, deren Geschlecht bis ins Mittelalter zurückreicht, ließen sich die Gelegenheit nicht entgehen, Don Fulgencio von ihren stolzen und ehrbaren Höhen herab einige treffliche Seitenhiebe zu verpassen. Die Serenaden an Sonntagabenden und an Nationalfeiertagen dienten immer wieder dazu, im Handumdrehen lautstarke Amateurkämpfe zu improvisieren, bei denen Don Fulgencio blind vor Wut auf die frechsten Stierkämpfer losrannte.

Wildgemacht vom roten Tuch, von den Stichen mit den Banderillas, aufgestachelt von den Dreistigkeiten und benommen vom Losrennen auf die Muleta erlebte Don Fulgencio, inzwischen ein wutschnaubendes Tier, die Stunde der Wahrheit in all ihrer Bitterkeit und mit all ihren gefährlichen Niederlagen. Schon lud man ihn zu keiner öffentlichen Veranstaltung und zu keinem Fest mehr ein; und seine Frau beklagte sich bitterlich über ihr Ausgeschlossensein, das sie wegen des schlechten Charakters ihres Mannes erleiden müsse.

Die vielen Degenstiche, Lanzenhiebe und Banderillas bedeuteten für Don Fulgencio einen täglichen Aderlaß, und an Sonntagen sogar gewaltige Blutstürze. Doch der ganze Blutverlust ging nach innen und ließ ihm das Herz vor Verdruß anschwellen.

Sein dicker Miurastiernacken deutete auf das plötzlich eintretende Ende der Vollblüter. Rundlich und hochrot rannte er immer noch maßlos und ohne Rast noch Ruhe gegen alle und jeden an. Eines Tages, als Don Fulgencio gerade im gemächlichen Trott den Exerzierplatz überqueren wollte, hielt er inne und hob gereizt den Kopf, weil er den entfernten Klang einer hellen Trompete gehört hatte.

Der Ton kam näher und drang wie eine alles betäubende Posaune in seine Ohren. Es wurde ihm schwarz vor Augen, und er sah, wie sich rings um ihn herum eine riesige Stierkampfarena auftat, vergleichbar etwa dem Tal des Josaphat, in dem sich die in Lichtgewänder gehüllten Auserwählten drängen. Die Blutstauung drang bis in sein Rückenmark vor wie der Degen eines Stierkämpfers bis zum Kreuz. Don Fulgencio fiel zu Boden und streckte alle viere von sich.

Obwohl von Beruf Rechtsanwalt, hinterließ er nur ein unvollständiges Testament. Darin hatte er seinem letzten Willen in einem unerwartet bittenden Ton Ausdruck gegeben: Man möge ihm nach seinem Tode die Hörner entfernen, sei es mit Säge oder mit Meißel und Hammer. Aber die Erfüllung seiner rührenden Bitte wurde durch den Eifer eines beflissenen Zimmermanns vereitelt, der ihm einen Spezialsarg schenkte, der seitlich mit zwei gut sichtbaren Ausbuchtungen versehen war.

Als Don Fulgencio zu Grabe getragen wurde, begleitete ihn das ganze Dorf; die Erinnerung an seinen Kampfgeist bewegte sie zutiefst. Trotz des Witwenschleiers, der unübersehbaren Blumen- und Kranzspenden und der außergewöhnlichen Totenfeier hatte das Begräbnis etwas von einer heiteren, fröhlichen Maskerade an sich.

Sinesius von Rhodos

Die *Patrologia Graeca*, das überwältigende Werk Paul Mignes, haben das schwache Andenken an Sinesius von Rhodos verschüttet, der das irdische Reich der Engel des Zufalls proklamierte.
Mit der ihm eigenen Übertreibung hat Origenes diesen Engeln eine übermäßige Bedeutung innerhalb der himmlischen Wirtschaft zukommen lassen. Der fromme Clemens von Alexandrien hat seinerseits zum erstenmal den Schutzengel an unserer Seite anerkannt. Und unter den ersten Christen Kleinasiens verbreitete sich eine zügellose Hinneigung zu vielstufigen Engelshierarchien.
Aus der großen Schar der Engelshäretiker ragen Valentinus der Gnostiker, und Basilides, sein übereifriger Schüler, mit luziferischem Glanz hervor. Sie haben der fanatischen Engelsverehrung Flügel verliehen. Mitten im zweiten Jahrhundert hatten sie sich vorgenommen, äußerst schwerfällige, positive Geschöpfe mit so herrlich wissenschaftlichen Namen wie Dynamo und Sofia, deren tierischer Sippschaft das Menschengeschlecht sein Unglück verdankt, in den Himmel zu erheben.
Weniger ehrgeizig als seine Vorgänger, hat Sinesius von Rhodos das Paradies, so wie es von den Kirchenvätern ausgedacht wurde, übernommen und sich darauf beschränkt, es von den Engeln zu säubern. Er behauptete, daß die Engel unter uns lebten, und daß wir alle unsere Bitten an sie in ihrer Eigenschaft als alleinige Konzessionäre und Verteiler der Zufälle des Lebens richten müßten. Auf höchsten Befehl verursachten sie die tausend und abertausend Zufälle des Lebens, teilten sie auf und manipulierten sie. Sie ließen sich kreuzen und miteinander in beschleunigter und offenbar willkürlicher

Bewegung verbinden. Aber in Gottes Augen webten sie einen Stoff mit komplizierten Arabesken, sehr viel schöner als die Sternbilder am nächtlichen Himmel. Diese Konstellationen des Zufalls nähmen unter den Blicken des Ewigen die Gestalt geheimnisvoller, kabbalistischer Zeichen an, die den Gang der Welt erzählten.
Wie eine unübersehbare Zahl von behenden Weberschiffchen weben die Engel des Sinesius von Anbeginn der Zeiten am großen Lebensplan. Unaufhörlich schießen sie hin und her, bringen und holen Willensäußerungen, Ideen, Erfahrungen und Erinnerungen, innerhalb eines unendlichen, kommunikativen Gehirns, dessen Zellen mit dem vergänglichen Leben der Menschen entstehen und vergehen.
Das Aufblühen des Manichäismus ermunterte Sinesius von Rhodos, auch noch die Heerscharen Luzifers in seiner Theorie unterzubringen und also die Teufel in ihrer Eigenschaft als Saboteure des Guten zuzulassen. Sie verwirren die Webkette, an der die Engel arbeiten; sie zerreißen den guten Faden unserer Gedanken, verändern die reinen Farben, kappen die Seiden-, Gold- und Silberfäden und ersetzen sie durch grobes Hanfleinen. Und so bietet die Menschheit den Augen Gottes ihren erbärmlichen Teppich dar, auf dem die Linien der Originalzeichnung elendiglich verändert erscheinen.
Sinesius verbrachte sein Leben damit, Arbeiter ausfindig zu machen, die auf der Seite der guten Engel arbeiten sollten, aber er hatte keine nennenswerten Nachfolger. Nur von Faustus von Milevius, dem manichäischen Patriarchen, weiß man, daß er, als er schon hochbetagt und kränklich von jener denkwürdigen afrikanischen Unterredung zurückkam, auf der er von Augustinus arg gebeutelt wurde, auf Rhodos Halt machte, um den Predigten des Sinesius zu lauschen, der ihn für eine

aussichtslose Sache zu gewinnen suchte. Faustus hörte die Bitten des Engelsbesessenen mit seniler Willfährigkeit an und gab seine Einwilligung, ein kleines abgetakeltes Schiff anzuheuern, das der Apostel dann mit all seinen Jüngern bestieg, um seinen Auftrag auf dem Festland zu erledigen. Nachdem sie sich von den Küsten Rhodos' entfernt hatten, an einem Tag, der Unwetter ankündigte, hat man nie wieder etwas von ihnen gehört.

Der Irrlehre des Sinesius fehlte es an Ruhm, und so verlor sie sich ohne eine Lichtspur am christlichen Horizont. Ihr wurde nicht einmal die Ehre zuteil, offiziell auf einem Konzil der Verdammung anheim zu fallen, obwohl Eutiques, der Abt von Konstantinopel, den Synodalen eine umfangreiche Widerlegung, die niemand las, mit dem Titel *Contra Sinesio* vorlegte.

Die schwache Erinnerung an ihn hat in einem Meer von Buchseiten Schiffbruch erlitten: In der *Patrologia Graeca* von Paul Migne.

Monolog des Aufsässigen

Für M. A.

Ich habe noch in derselben Nacht mit der Waise geschlafen, in der wir im flackernden Schein der Kerzen bei ihrem Vater Totenwache hielten. (Oh, könnte ich das nur mit anderen Worten sagen!)

Da in der Welt nichts verborgen bleibt, kam die Sache dem Alten zu Ohren, der unser Jahrhundert durch seinen arglistigen Zwicker betrachtet. Ich meine jenen alten Herrn, der mit der Nachtmütze des Eingabeschreibers dem mexikanischen Literaturbetrieb vorsteht, und der mich auf offener Straße mit seinem wildgewordenen Stock verprügelte, während die Stadtpolizei tatenlos dastand. Außerdem ging ein ätzender Schwall von Beschimpfungen mit wütend-schriller Stimme über mich nieder. Und das alles, weil der scheinheilige Patriarch – der Teufel soll ihn holen! – sich selbst in das süße Mädchen verliebt hatte, das mich von Stund an verabscheute.

Weh mir! Selbst die Waschfrau schneidet mich schon, und dabei war unsere Liebschaft doch so treuherzig, so langanhaltend. Und meine schöne Vertraute, die der Volksmund als meine Dulcinea hinstellt, wollte nicht mehr das Herzeleid ihres jammernden Poeten anhören. Ich glaube, mich verachten selbst die Hunde.

Glücklicherweise dringt dieses infame Gerede nicht bis zu meinem verehrten Publikum durch. Ich dichte für eine Leserschaft, die sich aus wohlbehüteten Fräuleins und verstaubten, uralten Positivisten zusammensetzt. Bis zu ihnen dringt die gräßliche Angelegenheit nicht durch; sie sind weit weg vom Lärm der Welt. Für sie bin ich immer

noch der bleiche Jüngling, der den Gott mit mächtigen Terzetten anfleht und seine Tränen mit einer blonden Stirnlocke wegwischt.
Bei meinen zukünftigen Kritikern stehe ich zutiefst in der Schuld. Ich kann nur mit dem bezahlen, was ich habe. Ich erbte einen Sack voll abgenutzter Bilder. Ich gehöre zu jener Generation verlorener Söhne, die das Geld ihrer Vorfahren vergeuden, aber mit ihren eigenen Händen kein neues Vermögen schaffen können. Alles, was ich erlebte, empfing ich eingehüllt in eine Metapher. Noch niemandem habe ich das schreckliche Abenteuer meiner einsamen Nächte erzählt, wenn der Keim des Göttlichen plötzlich in meiner leeren Seele zu wachsen beginnt.
Da gibt es einen Teufel, der mich straft, indem er mich lächerlich macht. Fast alles, was ich schreibe, flüstert er mir ein, und meine arme, erloschene Seele erstickt unter der Flut der Strophen.
Ich weiß sehr wohl, daß ich, wenn ich ein etwas solideres und vernünftigeres Leben führte, noch durchaus gut erhalten das nächste Jahrhundert erreichen könnte. Dort, wo eine neue Poesie auf jene wartet, denen es gelingen wird, sich aus diesem unheilvollen 19. Jahrhundert hinüber zu retten. Aber ich fühle mich dazu verurteilt, mich selbst und auch die anderen zu wiederholen.
Ich kann mir gut vorstellen, welche Rolle ich dann spielen werde, und höre schon den jungen Kritiker mit seiner gewohnten Eleganz sagen: »Sie, mein Herr, ein bißchen weiter nach hinten, wenn es Ihnen nichts ausmacht; dort zwischen die Vertreter unserer Romantik.«
Und ich würde dann mit meinem spinnwebüberzogenen Haupt und meinen achtzig Jahren die alten Tendenzen mit immer hohleren und belangloseren Gedichten vertreten. Nein, mein Herr. Sie werden mir nicht sagen: »Ein bißchen weiter nach hinten, bitte«. Ich gehe ja schon. Das

heißt, ich ziehe es vor, hier zu bleiben, in diesem bequemen Grab eines Romantikers, einzig beschränkt auf meine Rolle als abgerissene Knospe, als Samen, den der eiskalte Wind des Skeptizismus weggeweht hat. Vielen Dank für Ihre guten Absichten.
Rosarot gekleidete Señoritas werden mich am Fuße eines hundertjährigen Ahuehuete-Baumes beweinen. An positivistischen Jammergreisen, die meine Überheblichkeit feiern, und an jungen Lästermäulern, die mein Geheimnis durchschauen und mir verstohlen eine Träne nachweinen, wird es nicht fehlen.
Der Ruhm, den ich mit achtzehn heiß begehrte, erscheint mir mit vierundzwanzig wie ein Totenkranz, der in der Feuchtigkeit eines Grabes vermodert und stinkt.
In der Tat, ich würde gern etwas Diabolisches unternehmen, aber mir fällt nichts ein.
Zumindest wünschte ich mir, daß sich ein bißchen von dem Aroma des Bittermandellikörs, den auf ihr Wohl zu trinken – meine Damen und Herrn – ich mich gerade anschicke, nicht nur in meinem Zimmer ausbreitete, sondern in der gesamten mexikanischen Literatur.

Das wundersame Milligramm

... moverán prodigiosos miligramos
Carlos Pellicer

Eine Ameise, die wegen ihrer federleichten Lasten und ihrer häufigen Unachtsamkeiten getadelt worden war, fand eines Morgens, als sie sich wieder vom Weg entfernte, ein wundersames Milligramm.

Ohne sich weiter bei dem Gedanken aufzuhalten, welche Folgen dieser Fund haben könnte, ergriff sie das Milligramm und legte es sich auf die Schultern. Mit Vergnügen stellte sie fest, daß es genau die richtige Last für sie war. Dieses Idealgewicht verlieh ihrem Körper eine ungewohnte Kraft: beschwingte sie wie das Gewicht der Flügel den Körper des Vogels. In der Tat liegt einer der Gründe für den frühzeitigen Tod der Ameisen in der ehrgeizigen Überschätzung ihrer eigenen Kräfte. Nachdem eine Ameise ihr Maiskorn einen Kilometer weit herbeigeschafft und im Getreidedepot abgeliefert hat, verbleiben ihr kaum noch Kräfte, um ihren eigenen Kadaver auf den Friedhof zu schleppen.

Die Ameise, die den Fund gemacht hatte, wußte noch nichts von ihrem Glück, aber ihre Schritte ließen auf die ängstliche Eilfertigkeit dessen schließen, der mit einem Schatz flieht. Ein flüchtiger, aber wohltuender Gedanke an Wiedergutmachung machte sich in ihrem Kopf breit. Nach einem sehr langen Umweg, den sie absichtlich und mit Freude unternommen hatte, fädelte sie sich in die Reihe ihrer Kolleginnen ein, die gegen Abend mit der an diesem Tag gewünschten Last zurückkehrten: Kleine Stücke von Salatblättern, die sie sorgfältig herausgeschnitten hatten. Die Ameisenstraße bildete einen dünnen und wirren Kamm von leichtem Grün. Da konnte man niemanden hinters Licht führen: Das Milligramm setzte sich kraß von jener perfekten Eintönigkeit ab. Nach der Rückkehr in den Ameisenhaufen begann sich die Lage zu verschlechtern. Die Türhüterinnen und die Aufpasserinnen in den Gängen erhoben, je tiefer sie eindrang, immer heftigere Einwände gegen die seltsame Last. Die Wörter »Milligramm« und »wundersam« kamen vereinzelt hier und da über die Lippen einiger, die sich auskannten. Bis dann die Oberaufpasserin, die würdevoll an einem riesigen Tisch saß, für die anderen zu sprechen wagte und in Seelenruhe der verwirrten Ameise mitteilte: »Höchstwahrscheinlich haben Sie uns ein wundersames Milligramm mitgebracht. Ich beglückwünsche Sie aufrichtig, aber es ist meine Pflicht, der Polizei Meldung zu erstatten.«

Die Verantwortlichen für die öffentliche Ordnung sind Personen, die am wenigsten dazu taugen, Wunder- und Milligrammfragen zu lösen. Angesichts dieses Falls, den das Strafgesetzbuch nicht vorsieht, führten sie mit Hingebung die üblichen wohlbekannten Anweisungen durch und konfiszierten das Milligramm samt Ameise und allem. Da die Vorgeschichte der Angeklagten miserabel aussah, war man der Ansicht, daß ihr rechtens der Prozeß zu machen sei. Die zuständigen Behörden übernahmen den Fall.

Die übliche Schwerfälligkeit des Gerichtsverfahrens paßte gar nicht zur Unruhe der Ameise, die durch ihr seltsames Verhalten selbst noch mit ihren eigenen Anwälten Schwierigkeiten bekam. Indem sie dem inneren Drang ihrer immer fester werdenden Überzeugungen gehorchte, antwortete sie mit Stolz auf alle Fragen, die man ihr stellte. Sie ließ verlauten, daß man sich in ihrem Fall schwerste Ungerechtigkeiten zuschulden kommen lasse und kündigte an, daß ihre Feinde sehr bald gezwungenermaßen die Wichtigkeit des Fundes anerkennen müßten. Durch solche dummen Äußerungen handelte sie sich alle nur erdenklichen Strafen ein. Um ihrem Stolz die Krone aufzusetzen, sagte sie, daß sie es bedaure, diesem so erzdummen Ameisenhaufen anzugehören. Der Staatsanwalt forderte bei diesen Worten mit dröhnender Stimme die Todesstrafe.

Aus dieser Lage rettete sie das Gutachten eines berühmten Psychiaters, der ihre geistige Unzurechnungsfähigkeit diagnostizierte. Statt zu schlafen, drehte die Gefangene nachts ihr Milligramm wieder und wieder um, polierte es sorgfältig und verbrachte lange Stunden in einer Art kontemplativer Extase. Tagsüber lud sie es auf ihre Schultern und trug es in ihrem engen und dunklen Verließ von einer Seite zur anderen. Als sie ihr Ende nahen fühlte, wurde sie von einer so heftigen Unruhe befallen, daß die wachhabende Krankenschwester dreimal einen Wechsel der Zelle forderte. Jedesmal war die Zelle größer als die vorhergehende, aber die Unruhe der Ameise erhöhte sich im gleichen Maße, wie der Raum wuchs. Den Neugierigen, die in wachsender Zahl kamen, um das Schauspiel ihrer ungewöhnlichen Todesangst mit anzusehen, schenkte sie nicht die geringste Aufmerksamkeit. Sie aß nichts mehr, weigerte sich, die Presse zu empfangen und hüllte sich in absolutes Schweigen.

Die Vorgesetzten entschieden schließlich, die wahnsinnig gewordene Ameise in ein Sanatorium einzuweisen. Leider mangelt es behördlichen Anordnungen immer an Schnelligkeit.

Eines frühen Morgens fand die Gefangenenwärterin die Zelle ruhig und durchflutet von einem seltsamen Glanz. Das wundersame Milligramm leuchtete auf dem Boden wie ein von seinem eigenen Licht entflammter Diamant. In seiner Nähe lag die tapfere Ameise auf dem Rücken, verbraucht, gläsern.

Die Nachricht von ihrem Tode und der wunderbaren Eigenschaft des Milligramms verbreitete sich wie ein Lauffeuer in allen Gängen. Scharen von Besucherinnen strömten zur Zelle, die man provisorisch für die Totenwache hergerichtet hatte. In ihrer Verzweiflung ließen sich die Ameisen zu Boden fallen. Aus ihren Augen, die der Anblick des Milligramms geblendet hatte, flossen Ströme von Tränen, so daß die Ausrichtung des Begräbnisses durch ein Drainageproblem kompliziert wurde. Da es an Blumenspenden mangelte, plünderten die Ameisen ihre Vorratskammern und überhäuften die Leiche mit Bergen von Nahrungsmitteln.

Der Ameisenhaufen durchlebte unbeschreibliche Tage, eine Mischung aus Staunen, Stolz und Schmerz. Prächtige Totenfeiern wurden organisiert, mit Tänzen und Gelagen. Man begann sofort mit dem Bau eines Heiligtums für das Milligramm, und die verkannte, in den Tod getriebene Ameise kam zur Ehre eines Mausoleums. Die Verantwortlichen wurden abgesetzt und wegen Unfähigkeit zur Rechenschaft gezogen.

Als es schon fast zu spät war, nahm ein Ältestenrat seine Arbeit auf und setzte dieser langanhaltenden Zeit orgiastischer Ehrerweisungen ein Ende. Dank unzähliger Erschießungen kehrte wieder normales Leben ein. Die weisesten der alten Ameisen leiteten schließlich die durch das Milligramm hervorgerufenen Wogen der frommen Bewunderung in eine immer strenger werdende Staatsreligion um. Sie ernannten sich zu Hüterinnen und Priesterinnen. Rings um das Heiligtum schossen große Gebäude kreisförmig aus dem Boden, und eine umfangreiche, streng hierarchisch gegliederte Verwaltung nahm sie in

Besitz. Der Zusammenhalt des blühenden Ameisenhaufens war ernsthaft bedroht.
Das Schlimmste von allem aber war, daß die Unordnung, die man oberflächlich verdrängt hatte, unruhig und unterirdisch weiterlebte und gedieh. Dem Augenschein nach lebte der Ameisenhaufen ruhig und als Einheit, widmete sich der Arbeit und dem Kult, obwohl eine große Zahl von Beamtinnen ihr Leben damit zubrachten, Aufgaben auszuführen, die immer weniger geschätzt wurden. Es läßt sich nicht mehr genau sagen, welche der Ameisen die ersten unheilvollen Gedanken in ihrem Kopf ausbrütete. Vielleicht waren es viele, die alle gleichzeitig der Versuchung nicht widerstehen konnten.
Auf jeden Fall handelte es sich um ehrgeizige und verblendete Ameisen, die sich, gotteslästerlich wie sie waren, Gedanken über die bescheidene Herkunft der Entdeckerameise machten. Ihnen dämmerte die Möglichkeit, daß sie alle Ehrungen, die der glorreichen Verstorbenen zuteil wurden, noch zu Lebzeiten auf sich selbst lenken könnten. Allmählich nahmen sie verdächtige Verhaltensweisen an. Zerstreut und melancholisch irrten sie geschickt vom Weg ab und kamen mit leeren Händen zum Ameisenhaufen zurück. Den Aufseherinnen gaben sie Antworten, die ihren Hochmut nicht verbargen; des öfteren ließen sie sich krank schreiben und kündigten an, daß sie in Kürze einen außergewöhnlichen Fund machen würden. Und selbst die Behörden konnten es nicht verhindern, daß eine dieser Spinnerinnen, als man es am wenigsten erwartete, mit einem Wunderding auf ihren schwachen Schultern daherkam.
Die betroffenen Ameisen arbeiteten klammheimlich, sozusagen auf eigene Rechnung. Hätte man eine allgemeine Umfrage durchführen können, wären die Behörden zu der Einsicht gelangt, daß rund die Hälfte der

Ameisen, statt sich um winziges Getreide und verderbliches Gemüse zu kümmern, nur noch die unverderbliche Substanz des Milligramms im Sinne hatte.
Eines Tages passierte, was passieren mußte. Sechs ganz gewöhnliche Ameisen, die völlig normal aussahen, kamen, so als hätten sie sich abgesprochen, jede mit einem merkwürdigen Gegenstand, den sie vor der allgemeinen Prüfungskommission als wundersames Milligramm ausgaben. Natürlich wurden ihnen nicht die Ehren zuteil, die sie erwartet hatten, aber für diesen Tag wurden sie von allen Verpflichtungen befreit. In einer Feier, die fast privaten Charakter hatte, sprach man ihnen das Anrecht auf eine Leibrente zu.
Was die sechs Milligramme betraf, so konnte man nichts Genaueres erfahren. Die Erinnerung an ihre frühere Unvorsichtigkeit hielt die Behörden davon ab, gerichtlich gegen sie vorzugehen. Der Ältestenrat wusch sich die Hände in Unschuld und gab dem Volk weitgehende Meinungsfreiheit. Die vermeintlichen Milligramme wurden in Schaukästen in einem bescheidenen Raum ausgestellt, wo sie öffentlich bewundert werden konnten, und alle Ameisen bildeten sich, jede auf ihre Weise, ein Urteil über sie.
Diese Schwäche seitens der Behörden, zu der man noch das sträfliche Schweigen der Presse rechnen muß, haben den Untergang des Ameisenhaufens beschleunigt. Von jetzt ab konnte jede Ameise, sei es, daß sie durch Arbeit erschöpft war oder sich nur auf die faule Haut legen wollte, ihre Ruhmsucht auf die Ausmaße einer Leibrente beschränken, wobei sie dann von allen Dienstverpflichtungen befreit war. Der Ameisenhaufen füllte sich allmählich mit falschen Milligrammen.
Vergeblich suchten einige ältere und vernünftigere Ameisen vorbeugende Maßnahmen zu empfehlen, wie z. B den

Einsatz von Waagen und den detaillierten Vergleich eines jeden neuen Milligramms mit dem Originalmodell. Niemand hörte auf sie. Ihre Vorschläge, die man nicht einmal in der Vollversammlung diskutierte, wurden endgültig durch die Ausführungen einer abgemagerten, farblosen Ameise, die öffentlich und lauthals ihre persönliche Ansicht zum Besten gab, vom Tisch gewischt. Nach Meinung dieser Aufmüpfigen sei es nicht einsichtig, warum das berühmte, erste Milligramm, bei aller Wunderkraft, als Qualitätsnorm zu setzen sei. Die Eigenschaft des Wundersamen dürfe in keinem Fall als eine Zwangsbedingung allen neuerlich gefundenen Milligrammen auferlegt werden.

Der Rest an Umsicht, der den Ameisen noch verblieben war, verschwand im Nu. Künftighin waren die Behörden nicht mehr in der Lage, die Quote an Gegenständen, die täglich als Milligramme im Ameisenhaufen angeliefert wurden, zu reduzieren oder festzusetzen. Jegliches Vetorecht wurde abgelehnt, es war ihnen sogar unmöglich, die Ameisen zur Verrichtung ihrer täglichen Pflichten zu bewegen. Mittels der Suche nach Milligrammen wollten sich alle um ihre Aufgabe als Arbeiterinnen drücken.

Das Lager für diese Art von Gegenständen nahm ganz allmählich zwei Drittel des Ameisenhaufens ein, wobei die Privatkollektionen noch nicht berücksichtigt sind, von denen einige wegen der Kostbarkeit ihrer Stücke berühmt waren. Was die herkömmlichen Milligramme betrifft, so sank ihr Preis in den Tagen der höchsten Anlieferung so tief, daß man sie gegen wertlosen Plunder tauschen konnte. Es soll nicht geleugnet werden, daß von Zeit zu Zeit auch einige beachtliche Exemplare im Ameisenhaufen eintrafen. Aber ihnen erging es nicht besser als den wertlosesten Lappalien. Heerscharen von Liebhabern widmeten sich der Aufgabe, das Verdienst

der Milligramme niedrigster Qualität über die Maßen zu loben und auf diese Weise einem allgemeinen Wertverfall Vorschub zu leisten.
In ihrer Verzweiflung darüber, daß sie keine echten Milligramme fanden, schafften viele Ameisen wahrhaft obszöne Dinge und Schundgegenstände herbei. Ganze Galerien wurden aus Gründen der öffentlichen Moral geschlossen. Das Beispiel einer überspannten Ameise fand schon am nächsten Tag tausende von Nachäffern. Unter großen Anstrengungen und unter Einsatz all ihres gesunden Menschenverstandes nannte sich der Ältestenrat auch weiterhin Behörde und übte andeutungsweise die Regierungsgeschäfte aus.
Die Beamten und die Verantwortlichen für den Kult waren mit ihrer gemächlichen Beschäftigung nicht mehr zufrieden, sondern verließen die Tempel und Büros und begaben sich auf die Suche nach Milligrammen, um so ihre Nebeneinnahmen und Ehren zu mehren. Eine Polizei gab es praktisch nicht mehr, und Aufstände und Revolutionen waren an der Tagesordnung. Banden berufsmäßiger Gangster lauerten in der Nähe des Ameisenhaufens, um die Glücklichen zu berauben, die mit einem wertvollen Milligramm heimkehrten. Erzürnte Sammler verklagten ihre Rivalen und strengten langwierige Prozesse an und rächten sich durch Hausdurchsuchungen und Enteignungen. Streitigkeiten in den Gängen arteten häufig in Kämpfe und diese in Morde aus . . . Die Sterblichkeitsrate erreichte ein erschreckendes Ausmaß. Die Geburten gingen in alarmierender Weise zurück, und die Kinder starben zu Hunderten, weil man sich nicht mehr hinreichend um sie kümmerte.
Das Heiligtum, in dem das wahre Milligramm aufbewahrt wurde, verwandelte sich in eine vergessene Grabstätte. Die Ameisen, ganz in die Diskussion über die

aufsehenerregendsten Funde vertieft, kamen nicht einmal mehr, um es zu besuchen. Von Zeit zu Zeit versuchten einfältige Betschwestern die Aufmerksamkeit der Behörden auf den Zustand des verfallenen und verwahrlosten Heiligtums zu lenken. Alles, was man erreichen konnte, war eine oberflächliche Säuberung. Ein halbes Dutzend respektloser Putzfrauen kehrten den gröbsten Dreck beiseite, während einige gebrechliche Alte lange Reden hielten und die Grabstätte der Ameise mit erbärmlichen Opfergaben – man hätte meinen können, sie seien aus kümmerlichen Abfällen hergestellt – bedeckten.

Unter Bergen von Unrat begraben, leuchtete das wundersame Milligramm in Vergessenheit. Es ging sogar das unerhörte Gerücht, daß es von Grabschänderhänden geraubt worden sei. Eine schlechte Kopie habe das wahre Milligramm ersetzt, das sich jetzt in der Sammlung einer kriminellen Ameise befinde, die beim Handel mit Milligrammen reich geworden sei. Haltlose Gerüchte, aber niemandem ging das nahe; niemand strengte eine Untersuchung an, um die Gerüchte aus der Welt zu schaffen. Und die Ameisen vom Ältestenrat, jeden Tag noch gebrechlicher und stumpfsinniger, legten vor der unmittelbar bevorstehenden Katastrophe die Hände in den Schoß.

Der Winter näherte sich, und der drohende Hungertod gebot dem Wahnsinnstreiben der unvorsichtigen Ameisen Einhalt. Angesichts der Versorgungskrise entschlossen sich die Behörden, einen großen Teil ihrer Milligramme einem benachbarten Ameisenhaufen anzubieten, in dem wohlhabende Ameisen wohnten. Alles, was sie erreichten, war der Verkauf einiger wirklich wertvoller Stücke; als Gegenleistung erhielten sie eine Handvoll Gemüse und Getreide. Allerdings bot man ihnen an, sie im Austausch gegen das Originalmilligramm mit ausreichenden Lebensmitteln den Winter über zu versorgen.

Der bankrotte Ameisenhaufen klammerte sich aber an sein Milligramm wie an einen Rettungsring. Nach endlosen Konferenzen und Diskussionen – der Hunger hatte die Zahl der Überlebenden zugunsten der wohlhabenden Ameisen schon gelichtet –, öffneten diese den Besitzerinnen des Wunders die Tür ihres Hauses. Sie gingen die Verpflichtung ein, sie bis ans Ende ihrer Tage zu ernähren und sie von allen Diensten zu befreien. Beim Tode der letzten fremden Ameise sollte dann das Milligramm in das Eigentum der Käuferinnen überwechseln.

Muß man noch sagen, was dann im neuen Ameisenhaufen geschah? Die Gäste verbreiteten hier den Keim ihres ansteckenden Götzendienstes.

Gegenwärtig befinden sich die Ameisen in einer weltweiten Krise. Sie haben ihre seit jeher nützlichen und praktischen Gewohnheiten vergessen und widmen sich überall einer entfesselten Suche nach Milligrammen. Sie essen außerhalb des Ameisenhaufens und horten nur feine, leuchtende Gegenstände. Vielleicht werden sie sehr bald schon als Tiergattung aussterben, und die Erinnerung an ihre alten Tugenden wird uns nur, eingefangen in zwei oder drei unwichtigen Fabeln, erhalten bleiben.

Nabonides

Ursprünglich hatte Nabonides nach Meinung Professor Rabsoloms nur die Absicht, die archäologischen Schätze Babylons zu restaurieren. Sein Blick war traurig über die abbröckelnden Steine der Heiligtümer geschweift, über die unkenntlich gewordenen Stelen der Helden und über die kaum mehr leserlichen Abdrücke, die die Rundsiegel auf den Dokumenten des Reiches hinterlassen hatten. Fachmännisch machte er sich an die Restaurierung und ließ dabei viel Umsicht walten. Selbstverständlich kümmerte er sich um die Qualität seiner Baumaterialien selbst und wählte den feinsten und festesten Sandstein.
Als es ihm in den Sinn kam, den Bestand der babylonischen Bibliothek, 800 000 Tontafeln, kopieren zu lassen, mußte er Schulen und Werkstätten für Schreiber, Graveure und Töpfer einrichten. Er zog eine große Anzahl von Beamten und Angestellten aus der Verwaltung ab und setzte sich über die Kritik der Hohen Militärs hinweg, die nach Soldaten und nicht nach Schreibern riefen, um dem Zerfall des Reiches Einhalt zu gebieten, das tapfere Vorfahren mühsam unter der Bedrohung neidischer Nachbarstädte errichtet hatten. Aber Nabonides sah weit in die Zukunft voraus und begriff, daß es nur auf die Geschichte ankam. Unerschrocken widmete er sich seiner Aufgabe, während er allmählich den Boden unter den Füßen verlor.
Das Schlimmste aber war, daß Nabonides, nachdem er alle Restaurierungsarbeiten beendet hatte, nicht mehr mit seiner Arbeit als Historiker aufhören konnte. Nachdem er sich endgültig von den aktuellen Ereignissen abgewandt hatte, verbrachte er seine Zeit ausschließlich damit, sie auf Stein oder Schiefer festzuhalten. Dieser

Schiefer, dessen Herstellung aus Mergel und Asphalt er selbst erfunden hatte, war noch unverwüstlicher als Stein. (Professor Rabsolom gelang es, die Formel dieser Töpfermasse zu rekonstruieren. 1913 fand er eine Reihe von rätselhaften Stücken in Form von Zylindern oder kleinen Säulen, die mit dieser geheimnisvollen Substanz überzogen waren. Rabsolom vermutete darunter eine verborgene Schrift, und er begriff, daß man die Asphaltschicht nicht entfernen konnte, ohne die Schriftzeichen zu zerstören. Er dachte sich daher folgendes Verfahren aus: Mit einem Meißel holte er den Stein aus den Röhren und mit Hilfe von Kesselsteinentferner, der die Rückstände in den Schriftzeichen angreift, erhielt er hohle Zylinder. Mittels mehrerer aufeinanderfolgender Teilabgüsse gelang es ihm schließlich, einen Gipszylinder herzustellen, auf dem die Originalschrift noch völlig intakt erhalten war. Professor Rabsolom behauptet treffend, daß Nabonides nach diesem komplizierten Verfahren gearbeitet habe, weil er eine feindliche Invasion mit der üblichen Bilderstürmerei in ihrem Gefolge voraussah. Leider fehlte es ihm an Zeit, um alle seine Werke auf diese Weise zu verbergen.)[1]
Da die Masse der Arbeiter nicht ausreichte und die Ereignisse sich überstürzten, mußte Nabonides auch noch die Rolle des Sprachgelehrten und Grammatikers übernehmen: Er wollte das Alphabet vereinfachen und erfand deshalb eine Art Kurzschrift. Tatsächlich aber machte er die Schrift komplizierter, da er sie mit Abkürzungen, Auslassungen und Zeichen vollstopfte, was eine ganze Serie von neuen Schwierigkeiten für Professor Rabsolom aufwarf. Aber so gelang es Nabonides, die Geschichte bis auf die eigenen Tage mit besessener

1 Wer mehr über das Thema wissen möchte, sei hingewiesen auf die nützliche ausführliche Abhandlung von Adolf von Pinches: *Nabonidzylinder.* Jena 1912.

Akribie festzuhalten. Es gelang ihm auch, die Geschichte seiner eigenen Geschichte und einen summarischen Schlüssel seiner Abkürzungen aufzuschreiben, aber er wollte eine so konzentrierte Darstellung liefern, daß dieser Bericht so umfangreich wie das *Gilgamesch-Epos* geworden wäre, wenn er keine Abkürzungen verwandt hätte.

Er ließ auch eine Geschichte seiner hypothetischen Kriegstaten schreiben – Rabsolom meint, daß er sie selbst verfaßt habe – ausgerechnet er, der sein kostbares Schwert im Körper des ersten feindlichen Kriegers stekkengelassen hatte. Im Grunde war das ein Vorwand mehr, um Tafeln, Stelen und Zylinder zu meißeln.

Aber die feindlichen Perser heckten das Verderben des Träumers aus der Ferne aus. Eines Tages kam eine Eilbotschaft des Krösus in Babylon an, mit dem Nabonides einen Pakt geschlossen hatte. Der königliche Geschichtsschreiber ließ die Botschaft, den Namen des Boten, das Datum und die einzelnen Abmachungen des Paktes in einen Zylinder gravieren, aber er eilte Krösus nicht zu Hilfe. Kurz darauf fielen die Perser überraschend in die Stadt ein und verjagten das eifrige Heer der Schreiber. Die unzufriedenen babylonischen Krieger leisteten kaum Widerstand, und das Imperium fiel, ohne sich jemals wieder aus seinen Trümmern zu erheben.

Die Geschichte hat uns zwei dunkle Versionen vom Tod ihres treuen Dieners überliefert. In der ersten stirbt er von der Hand eines Königsmörders während der dramatischen Tage der persischen Invasion. Nach der anderen Version wurde er gefangen genommen und auf eine ferne Insel verbannt. Dort soll er immer wieder über die Größe Babylons nachgedacht haben und vor Gram gestorben sein. Die letzte Version paßt besser zum friedlichen Charakter des Nabonides.

Der Leuchtturm

Was Genaro macht, ist schrecklich. Er bedient sich unvorhersehbarer Mittel. Unsere Situation wird unerträglich. Gestern erzählte er uns bei Tisch die Geschichte eines Hahnreis. Sie war in der Tat witzig, aber als ob Amelia und ich darüber hätten lachen können, kam uns Genaro mit seinem unaufrichtigen, schallenden Gelächter zuvor. Er fragte: »Könnt ihr euch etwas Witzigeres vorstellen?« Und er fuhr sich mit der Hand über die Stirn, die Finger gekrümmt, so als suchte er etwas. Er lachte erneut: »Wie fühlt man sich wohl mit Hörnern?« Unsere Verwirrung nahm er überhaupt nicht wahr.
Amelia war der Verzweiflung nahe. Ich hatte Lust, Genaro zu beleidigen, ihm die ganze Wahrheit ins Gesicht zu schreien, wegzulaufen und nie zurückzukommen. Aber, wie immer, hielt mich etwas zurück. Vielleicht Amelia, zutiefst gedemütigt in der unerträglichen Situation.
Schon seit geraumer Zeit überraschte uns das Verhalten Genaros. Er wurde von Mal zu Mal verrückter. Er gab sich mit den unwahrscheinlichsten Erklärungen zufrieden und schuf Zeit und Raum für unsere unsinnigsten Tête-à-têtes. Zehnmal spielte er uns die Komödie mit seiner Reise vor, aber immer kam er erst am festgesetzten Tag wieder zurück. Während seiner Abwesenheit hielten wir uns unnötigerweise zurück. Wenn er heimkehrte, brachte er kleine Geschenke mit, umarmte uns fast unmoralisch, indem er uns den Hals küßte und uns heftig gegen seine Brust drückte. Bei solchen Umarmungen wurde es Amelia vor Ekel fast schlecht.
Im Anfang hatten wir bei allem Angst, weil wir uns in großer Gefahr wähnten. Die Vorstellung, daß Genaro

uns in jedem Moment entdecken könnte, hielt unsere Liebe in Angst und Scham. In dieser Hinsicht war die Angelegenheit klar und sauber. Das Drama schwebte wirklich über uns und verlieh der Schuld Würde. Genaro hat alles zunichte gemacht. Jetzt sind wir in etwas Trübes, Zähes und Drückendes verwickelt. Wir lieben uns lustlos, angeödet, wie Eheleute. Ganz allmählich haben wir die fade Gewohnheit angenommen, Genaro zu dulden, was eigentlich sehr abgeschmackt ist. Seine Gegenwart ist unerträglich, weil er uns nicht stört; vielmehr sorgt er dafür, daß Routine und Verdruß aufkommen.

Manchmal erzählt der Bote, der uns die Lebensmittel bringt, daß die Stillegung des Leuchtturms beschlossene Sache sei. Amelia und ich freuen uns insgeheim darüber. Genaro ist sichtlich betrübt. »Wohin sollen wir dann gehen?« fragt er. »Hier sind wir doch so glücklich«. Er seufzt. Dann sucht er meinen Blick und sagt: »Du kommst mit uns, wo immer wir auch hingehen mögen.« Und dabei blickt er melancholisch auf das Meer.

Das prächtige Exemplar im Großquart-Format mit gepunztem Ledereinband und einem schwachen Geruch nach frischer Druckerschwärze auf feinem holländischen Papier fiel wie eine schwere Grabplatte auf die Brust der verwitweten Baronin von Büssenhausen.

Die adlige Dame las unter Tränen die zweiseitige Widmung, geschrieben in ehrwürdigen gotischen Lettern. Auf wohlmeinenden Rat von Freunden hin hatte sie auf die Lektüre der fünfzig Kapitel der *Vergleichenden Geschichte der Sexualbeziehungen*, des Werkes, das den bleibenden Ruhm ihres verstorbenen Mannes ausmachte, verzichtet und steckte jenes explosive Buch in seinen italienischen Schuber zurück.

Unter den wissenschaftlichen Büchern zu diesem Thema zeichnet sich das Werk des Barons von Büssenhausen auf geradezu sensationelle Weise aus. Und es findet begeisterte Leser in einem so breit gefächerten Publikum, daß es sogar den Neid der strengsten Wissenschaftler erregt. (Die gekürzte englische Ausgabe wurde ein Bestseller.)

Für die Anhänger des historischen Materialismus ist dieses Buch nichts anderes als eine verbitterte Widerlegung von Engels. Für die Theologen stellt es die Fleißarbeit eines Lutheraners dar, der mit Akribie die Kreise der Hölle in den Sand des Überdrusses zeichnet. Glücklich tauchen die Psychoanalytiker in ein Meer von zweitausend Seiten vermeintlichen Unterbewußtseins. Sie fördern scheußliche Tatsachen an die Oberfläche: In Büssenhausen sehen sie einen perversen Menschen, der die Geschichte einer von den ausschweifendsten Sehnsüchten gequälten Seele in seine unpersönliche Sprache überträgt.

Hier sind alle seine Hirngespinste, geilen Träume und verborgenen Schuldkomplexe, die man sonst immer irgendwelchen primitiven Gesellschaften unterstellt, im Laufe eines schwierigen und erfolgreichen Sublimierungsprozesses abgeladen worden.
Die kleine Gruppe von Fachanthropologen weigert sich, Büssenhausen als Kollegen anzusehen. Den größten Anklang fand er bei den Literaturkritikern. Alle sind sich darin einig, sein Buch sei der erzählenden Literatur zuzurechnen, und sie schrecken nicht vor der Erinnerung an Marcel Proust und James Joyce zurück. Ihrer Meinung nach widmete sich der Baron vergeblich der Suche nach den im Ehebett seiner Frau verlorenen Stunden. Hunderte von Seiten, ohne eigentliche Handlung, erzählen das Hin und Her einer reinen, schwachen und zweifelnden Seele zwischen dem glühenden Venusberg der Gattin und der eiskalten Höhle des bücherschreibenden Einsiedlers.
Wie immer man ihn auch einordnen mag, bis wieder Ruhe einkehrt, haben die treuesten Freunde aus Zuneigung rings um Schloß Büssenhausen ein schützendes Netz gezogen, in dem alle von außen kommenden Botschaften abgefangen werden. In den verlassenen, herrschaftlichen Räumen zelebriert die Baronin noch immer blühende Feste, obwohl sie sich schon im herbstlichen Alter befindet. (Sie ist die Tochter eines berühmten, schon verstorbenen Entomologen und einer noch lebenden Dichterin.)
Jeder auch nur durchschnittlich begabte Leser kann aus den Kapiteln des Buches mehr als einen verwirrenden Schluß ziehen. Zum Beispiel den, daß sich die Ehe in weit zurückliegenden Zeiten herausbildete als Strafe für jene Paare, die das Tabu der Endogamie verletzten. In ihrem *home* eingekerkert, durchlitten die Schuldigen die

Unbarmherzigkeit der absoluten Intimität, während die Nachbarn sich draußen weiter den unverantwortlichen Vergnügungen der allerfreiesten Liebe hingaben.
Es zeugt von Büssenhausens Scharfsinn, wenn er die Ehe als ein charakteristisches Zeichen der babylonischen Grausamkeit definiert. Seine Einbildungskraft erreicht beneidenswerte Höhen, wenn er uns die glücklicherweise vorhammurabische, primitive Versammlung von Samarra beschreibt: Die Herde lebte fröhlich und sorglos von dem, was der Zufall an Jagdglück und Erntesegen ihnen zuteilte, in ihrem Gefolge die Schar der gemeinsamen Kinder. Aber wer verfrühtem oder illegalem Streben nach Besitz erlag, wurde kurzentschlossen zur Übersättigung mit der Speise verurteilt, wonach es ihn gelüstet hatte.
Daraus moderne psychologische Schlußfolgerungen zu ziehen, war eine Aufgabe für den Baron, der er sich gewissermaßen im Handumdrehen entledigte. Der Mensch gehöre einer Gattung Lebewesen an, die voller Selbstverleugnung stecke. Und aus der Ehe, im Anfang nur eine schreckliche Strafe, wurde wenig später eine leidenschaftliche Übung für Neurotiker, ein unglaublicher Zeitvertreib für Masochisten. Aber der Baron geht noch weiter. Er fügt hinzu, daß die zivilisierte Welt gut daran getan habe, die Ehebande zu straffen. Höchstes Lob zollt er allen Religionen, die aus der Ehe eine geistige Disziplin gemacht hätten. Zwei Seelen, einer ständigen Reibung ausgesetzt, könnten sich entweder bis zur höchsten Perfektion glätten oder zu Pulver zerreiben.
»Wissenschaftlich gesehen ist die Ehe eine prähistorische Mühle, in der zwei Mahlsteine sich unaufhörlich bis zum Tode gegeneinander reiben.« Ein wörtliches Zitat des Autors. Es bliebe noch hinzuzufügen, daß die Baronin seiner gläubigen porösen und bröckligen Seele ihrerseits eine Natur aus Quarz, die Konsistenz einer Walküre

entgegensetzte. (In der Einsamkeit ihres Bettes läßt die Witwe nun ungerührt scharfkantige Steine über das Andenken des zu Staub gewordenen Barons kreisen.)

Das Buch von Büssenhausen könnte leicht unterschätzt werden, wenn man in ihm nur die privaten Skrupel und Verdrängungen eines Ehemanns von altem Schrot und Korn sähe, der uns mit seinen Zweifeln in Erstaunen versetzt, ob wir uns überhaupt retten können, ohne Rücksicht auf den Partner, der bereitwillig neben uns verkümmert, ein Opfer der Langeweile und der Heuchelei, der kleinen Gehässigkeiten und der schädlichen Melancholie. Schlimm ist nur, daß der Baron jeden einzelnen seiner skurrilen Einfälle mit einer Fülle von Fakten belegt. Auf den haarsträubendsten Seiten, wenn wir ihn senkrecht in einen Abgrund der Phantasie fallen sehen, kommt er plötzlich mit einem unwiderlegbaren Beweis in seinen schiffbrüchigen Händen daher. Wenn er von der Sitte spricht, Frauen der eigenen Familie dem Gast anzubieten, und Malinowski ihm nicht mit den Marquesa-Inseln dienen kann, dann ist Alf Theodorsen mit seinem tief vereisten Lappendorf zur Stelle, um ihm behilflich zu sein. In dieser Hinsicht besteht kein Zweifel: Wenn der Baron sich irrt, müssen wir uns eingestehen, daß die Wissenschaft sonderbarerweise dem gleichen Irrtum unterliegt. Der kreativen und überschwenglichen Phantasie eines Lévy-Brühl fügt er die Scharfsinnigkeit eines Frazer, die Genauigkeit eines Wilhelm Eilers und hin und wieder, in glücklichen Momenten, die äußerste Trockenheit eines Franz Boas hinzu.

Dennoch läßt die wissenschaftliche Genauigkeit des Barons oft nach, und dann entstehen Seiten ohne Konsistenz. Mehr als einmal ist die Lektüre äußerst peinlich, und das Buch wird geradezu unerträglich, wenn die falsche Taube der Venus mit Fledermausflügeln flattert, oder wenn man Pyramus und Thisbe hört, wie sie, jeder auf seiner Seite, an einer dicken Mauer aus Marmelade nagen. Es wäre nur allzu gerecht, diese Entgleisungen einem Manne zu vergeben, der dreißig Jahre in der Mühle verbracht hat, mit einer aufreibenden Frau, von der ihn viele Grade auf der Skala menschlicher Härte trennten. Indem ich das ärgerliche und hochtrabende Geschwätz jener in den Wind schlage, die im Werke des Barons eine verschleierte, pornographische Zusammenfassung der Universalgeschichte sehen wollen, gesellen wir uns jener kleinen Gruppe erwählter Geister zu, die vermuten, daß die *Vergleichende Geschichte der Sexualbeziehungen* ein umfangreiches, häusliches Epos ist, das einer Frau trojanischer Größe gewidmet wurde: Der perfekten Ehefrau, der zu Ehren tausend und abertausend umstürzlerische Gedanken in eine zweiseitige, in gotischen Lettern verfaßte Widmung eingepfercht wurden, der Baronin Gunhild von Büssenhausen, geborene Gräfin von Magneburg-Hohenheim.

Baltasar Gérard
(1555 – 1582)

Den Herzog von Oranien umbringen. Ihn umbringen und dann die fünfundzwanzigtausend Escudos einstekken, die Philipp II. auf seinen Kopf gesetzt hat. Zu Fuß gehen, allein und mittellos, ohne Pistole, ohne Messer und so die Gattung von Mördern begründen, die von ihrem Opfer selbst das Geld verlangen, das sie für den Kauf der Mordwaffe benötigen, das war die große Tat des Baltasar Gérard, eines jungen Zimmermanns aus Dôle.

Nach einer mühsamen Verfolgung durch die Niederlande, halbverhungert und übermüdet, unzählige Male zwischen den spanischen und flämischen Heeren aufgehalten, gelang es ihm, bis zu seinem Opfer vorzudringen. Drei Jahre vergingen mit Zögern, Umwegen und Rückschlägen, und er mußte auch das quälende Gefühl ertragen, daß Gaspar Añastro ihm vielleicht zuvorkäme.

Dem portugiesischen Tuchhändler Gaspar Añastro fehlte es nicht an Phantasie, besonders angesichts einer Prämie von fünfundzwanzigtausend Escudos. Da er ein vorsichtiger Mensch war, bestimmte er die Art und den Zeitpunkt des Mordes sehr sorgfältig. In letzter Minute hielt er es jedoch für angebracht, einen Mittler zwischen seinen Kopf und die Waffe zu schalten: Juan Jáuregui würde für ihn zustoßen.

Juan Jáuregui war ein Jüngling von zwanzig Jahren und von Natur aus schüchtern. Mittels eines Systems subtiler Zwänge, deren geheime Schlüssel wir nicht kennen, gelang es Añastro, seine Seele bis zum Heldenhaften zu stählen. Vielleicht hat er ihm Amulette beschafft, vielleicht hat er ihn mit heroischem Lesestoff überhäuft,

vielleicht hat er ihn auch systematisch bis zum bewußten Selbstmord getrieben.
Mit Sicherheit wissen wir nur, daß er sich während der Geburtstagsfeierlichkeiten zu Ehren des Herzogs von Anjou, in Antwerpen, an dem von seinem Herrn festgesetzten Tag (18. März 1582), dem Festzug entgegenstellte und aus nächster Nähe auf Wilhelm von Oranien abfeuerte. Aber dieser Erzdummkopf hatte das Rohr seiner Pistole bis vornehin geladen. Die Waffe explodierte in seiner Hand wie eine Granate. Ein Metallsplitter durchschlug die Wange des Fürsten. Jáuregui fiel zu Boden, unter das Gefolge, und er wurde von wütenden Schwertern durchbohrt.
Siebzehn Tage lang wartete Añastro vergeblich auf den Tod des Fürsten. Geschickten Ärzten gelang es, die Blutung zu stillen, indem sie Tag und Nacht die zerfetzte Arterie mit den Fingern zudrückten. Wilhelm wurde schließlich gerettet, und der Portugiese, der das Testament Jáureguis, das zu seinen Gunsten lautete, schon in der Tasche hatte, erlebte die bitterste Enttäuschung seines Lebens. Er verfluchte seine Unvorsichtigkeit, einem unerfahrenen Jüngling vertraut zu haben.
Kurze Zeit später war das Glück Baltasar Gérard hold, dem die tragischen Ereignisse in der Ferne zu Ohren gekommen waren. Die Genesung des Fürsten, dessen Leben ihm vorbehalten zu sein schien, verlieh ihm neue Kräfte, um seine Pläne, die bislang nur vage und voller Ungewißheiten waren, zielstrebig zu verfolgen.
Im Mai gelang es ihm, als Meldebote des Heeres bis zum Fürsten durchzudringen. Aber er hatte nicht einmal eine Stecknadel bei sich. Bei der Berichterstattung konnte er seine Enttäuschung nur schwer verbergen. Vergeblich stellte er sich seine abgemagerten Hände auf dem feisten Hals des Flamen vor. Es gelang ihm aber, nochmals einen

Auftrag zu erhalten. Wilhelm schickte ihn an die Front zurück, in eine Stadt an der französischen Grenze. Aber Baltasar mochte sich nicht mit einem neuerlichen Fernsein abfinden.

Niedergeschlagen und nachdenklich streifte er zwei Monate lang um den Palast in Delft. Er lebte in größter Armut, fast von Almosen, und versuchte, sich bei Dienern und Köchen einzuschmeicheln. Aber sein fremdländisches und heruntergekommenes Äußeres flößte allen Mißtrauen ein.

Eines Tages sah ihn der Fürst vom Fenster seines Palastes aus. Er schickte einen Diener nach ihm, um ihn wegen seiner Nachlässigkeit zu tadeln. Baltasar antwortete, daß es ihm an Reisekleidern fehle, und daß seine Schuhe völlig zerrissen seien. Gerührt schickte Wilhelm ihm zwölf Kronen.

Überglücklich machte sich Baltasar unter dem Vorwand, daß die Wege für einen Boten wie ihn sehr unsicher seien, sofort auf die Suche nach einem Paar prächtiger Pistolen. Sorgfältig lud er sie und ging in den Palast zurück. Er gab vor, sich einen Passierschein zu besorgen, kam bis zum Fürsten durch und trug mit tonloser, verstörter Stimme sein Gesuch vor. Man sagte ihm, er solle ein wenig im Innenhof warten. Diese Zeit nutzte er, um das Gebäude schnell in Augenschein zu nehmen und seine Flucht zu planen.

Als dann, wenig später, Wilhelm von Oranien oben von der Treppe herab eine knieende Person verabschiedete, trat Baltasar schnell aus seinem Versteck und feuerte zielsicher ab. Der Fürst murmelte noch einige Worte und fiel dann sterbend auf den Teppich.

Mitten im Durcheinander floh Baltasar in die Pferdeställe und angrenzenden Gehöfte des Palastes, aber da er zu geschwächt war, konnte er die Mauer zum Garten nicht mehr überwinden. Dort wurde er von zwei Köchen gestellt. Auf dem Weg zur Wache bewahrte er eine ernste, würdige Haltung; man fand nichts bei ihm, außer einigen Heiligenbildchen und ein Paar Schweinsblasen, mit denen er, da er ein schlechter Schwimmer war, Flüsse und Kanäle, die seinen Weg schnitten, überqueren wollte.

Natürlich wäre ein Prozeß pure Zeitverschwendung gewesen. Die Menge forderte ungeduldig den Kopf des Königsmörders. Aber in Erwartung der Begräbnisfeierlichkeiten des Prinzen mußte man sich drei Tage gedulden.

Baltasar Gérard wurde auf dem Marktplatz von Delft erhängt; rings um ihn eine wogende Menge, die er mit Verachtung vom Podest des Schafotts herab anblickte. Er lachte über die Unbeholfenheit eines Zimmermanns, der einen Hammer durch die Luft sausen ließ. Eine von dem Schauspiel gerührte Frau wäre von der aufgebrachten Menge um ein Haar gelyncht worden.

Baltasar sprach seine Gebete mit klarer und deutlicher Stimme; er war überzeugt davon, ein Held zu sein. Ohne Hilfe stieg er das verhängnisvolle Treppchen hinauf.

Philipp II. zahlte pünktlich fünfundzwanzigtausend Escudos Belohnung an die Familie des Mörders.

Das Baby-PS

Verehrte Hausfrau! Verwandeln Sie die Vitalität Ihrer Kinder in Bewegungsenergie! Das herrliche Baby-PS, ein Apparat, dem es vorbehalten sein wird, Ihr Haushaltsbudget zu revolutionieren, ist schon auf dem Markt.
Das Baby-PS besteht aus einem sehr widerstandsfähigen leichten Metallkorsett, das sich dem zarten Kinderkörper mit Hilfe von Schnallen, Schlaufen, Ringen und Haken aufs beste anpaßt. Die Verästelungen dieses zusätzlichen Skeletts registrieren jede einzelne Bewegung des Kindes und lassen sie in einer kleinen Leidener Flasche zusammenlaufen, die man nach Bedarf auf dem Rücken oder auf dem Bauch befestigen kann. Eine Nadel zeigt an, wenn die Flasche geladen ist. Dann müssen Sie, gnädige Frau, die Flasche abnehmen und an ein Spezialdepot anschließen, damit sie sich automatisch entladen kann. Dieses Depot kann man beliebig irgendwo im Hause anbringen; es stellt eine kostbare elektrische Energiespardose dar, die Ihnen jeder Zeit für Licht- und Heizungszwecke, sowie für den Betrieb irgendeines der unzähligen Elektrogeräte, die jetzt und für immer unsere Haushalte überschwemmen, zur Verfügung steht.
Von heute an werden Sie die lästigen Strampeleien Ihrer Kinder mit anderen Augen sehen. Sie werden nicht einmal mehr die Geduld bei einem plötzlichen Wutausbruch verlieren, wenn Sie daran denken, daß er eine großzügige Energiequelle ist. Dank des Baby-PS betreibt das Strampeln des Säuglings während der vierundzwanzig Stunden eines Tages einige Sekunden lang das Mixgerät oder liefert fünfzehn Minuten lang Radiomusik.
Kinderreiche Familien können ihren ganzen Elektrizitätsbedarf decken, wenn sie jedem ihrer Sprößlinge ein

Baby-PS anlegen, ja sie können sogar noch ein kleines und einträgliches Geschäft betreiben, wenn sie ein wenig überflüssige Energie an ihre Nachbarn verkaufen. In den großen Wohnblöcken können Ausfälle der öffentlichen Stromversorgung zufriedenstellend überbrückt werden, wenn man alle Familiendepots parallel schaltet.
Ein Baby-PS verursacht keine physischen und psychischen Störungen bei den Kindern, da es die Bewegungen weder unterbindet noch stört. Im Gegenteil, einige Ärzte sind sogar der Meinung, daß es die harmonische Entwicklung des Körpers fördert. Und was die geistige Entwicklung betrifft, so kann man den persönlichen Ehrgeiz der Kleinen dadurch wachrufen, daß man ihnen kleine Prämien in Aussicht stellt, wenn sie ihre durchschnittlichen Leistungen übertreffen. Zu diesem Zweck empfehlen wir Süßigkeiten, die den eingesetzten Wert gesteigert zurückerstatten. Je mehr Kalorien man dem Essen des Kindes beifügt, desto mehr Kilowattstunden sind auf dem Stromzähler abzulesen.
Das einträgliche PS müssen die Kinder Tag und Nacht tragen. Wichtig ist auch, daß sie es immer mit in die Schule nehmen, damit die wertvollen Pausen nicht verlorengehen, denn aus ihnen kommen die Kinder stets mit übervollem Akkumulator zurück.
Gerüchte, wonach einige Kinder an selbsterzeugten Elektroschocks gestorben seien, entbehren jeder Grundlage. Das gleiche gilt auch für die abergläubische Angst, daß Kinder, die mit einem Baby-PS ausgerüstet sind, Blitze und Funken anzögen. Kein Unglück dieser Art kann sich ereignen, vor allem dann nicht, wenn Sie die Gebrauchsanweisung, die jedem Apparat gratis beiliegt, haargenau befolgen.
Das Baby-PS ist im Fachhandel erhältlich, und zwar in verschiedenen Größen, Modellen und Preislagen. Es ist

ein moderner, langlebiger Apparat, dem man vollstes Vertrauen schenken darf; außerdem sind alle seine Gelenke dehnfähig. Das Haus J. P. Mansfield & Sons aus Atlanta, Ill. bürgt für seine Qualitätsherstellung.

Anzeige

Wo immer die Anwesenheit einer Frau heikel, lästig oder abträglich ist, sei es im Bett des Junggesellen oder im Zwangslager, empfiehlt sich überaus der Gebrauch unserer Plastisex©. Das Heer und die Marine, sowie die Direktoren einiger Straf- und Erziehungsanstalten, gestatten ihren Leuten den Gebrauch dieser attraktiven und hygienischen Geschöpfe.

Heute wenden wir uns an Sie, der Sie Glück oder Unglück in der Liebe haben. Wir stellen Ihnen die Frau vor, von der Sie Ihr ganzes Leben geträumt haben: Sie wird mit Hilfe automatischer Kontrollgeräte bedient, besteht aus Kunststoffen, die ganz nach Wunsch sowohl die oberflächlichen wie auch die verborgendsten Eigenheiten der weiblichen Schönheit nachbildet. Groß und schlank, klein und rundlich, blond oder schwarzhaarig, rötlich oder silbergrau: Alle stehen zum Verkauf aus. Für Sie arbeitet ein Heer von Kunststoffexperten, bildenden Künstlern und Zeichnern. Geschickte Formgießer und Modellierer, Computer- und Elektronikfachleute können für Sie eine Mumie der achtzehnten Dynastie auswickeln oder die strahlendste Filmdiva, taufrisch und nach Essenzen duftend, dem morgendlichen Bade entsteigen lassen.

Auf Wunsch verschicken wir Listen mit den berühmtesten Schönheiten vergangener Zeiten und der Gegenwart, aber wir erfüllen auch jeden Sonderwunsch und führen Spezialanfertigungen aus. Wenn die Reize einer Madame Récamier nicht genügen, damit Sie die Frau vergessen, die Ihnen den Laufpaß gegeben hat, schicken Sie uns einfach Fotografien, dokumentarisches Material, Maße, Kleidungsstücke und eine überschwengliche Beschreibung. Wir werden sie Ihnen dann liefern, und mittels einer

Kontrolltastatur können Sie sie ebenso leicht bedienen wie einen Fernseher.
Falls Sie es wünschen und über ausreichende Mittel verfügen, können wir sie mit echten Smaragd-, Türkis- oder dunklen Bernsteinaugen, mit Korallen- oder Rubinlippen und Perlzähnen ausstatten usw. usw. Unsere Damen sind absolut formbeständig und bleiben faltenfrei, sie bewahren die Weichheit ihrer Haut und die Üppigkeit ihrer Linien, sagen ›Ja‹ in allen toten und lebenden Sprachen der Erde, singen und bewegen sich im Einklang mit den gerade modischen Rhythmen. Das Make-up entspricht dem der Originale, aber je nach Geschmack kann man durch geeignete Kosmetika alle möglichen Veränderungen vornehmen.
Der Mund, die Nasenlöcher, der Tränenkanal und alle weiteren Schleimhautregionen sind aus ganz weichem Schwamm gefertigt und mit nahrhaften anregenden Substanzen von unterschiedlicher Viskosität und mit den verschiedensten Aphrodisiaka und Vitaminen gesättigt, die man aus Meeresalgen und Heilpflanzen gewonnen hat. »Honig und Milch sind unter meiner Zunge . . .« preist das Hohelied. Sie können mit den Freuden Salomons wetteifern. Bereiten Sie ein Gemisch aus Ziegenmilch und Wespenhonig; füllen Sie damit die Hirnschale Ihrer Plastisex©, schmecken Sie das ganze mit Portwein oder Bénédictine ab: Sie werden spüren, daß beim langen Kuß die Flüsse des Paradieses in Ihren Mund strömen und Sie laben. (Bislang haben wir die Erfindung, die Milchdrüsen als Likörgefäße einzurichten, für uns patentieren lassen.)
Wir geben auf unsere Schönheiten eine Gebrauchsgarantie von zehn Jahren, – ohnehin die durchschnittliche Eheerwartung einer jeden Frau – die Garantie erlischt natürlich, wenn sie anormalen sadistischen Praktiken

unterworfen werden. Ihr Gewicht ist, ähnlich wie bei Frauen aus Fleisch und Blut, absolut spezifisch, und besteht zu neunzig Prozent aus Wasser, das durch dünnste Bläschen ihres schwammigen Körpers zirkuliert und durch ein elektrisches Kreislaufsystem erwärmt wird. Hierdurch entsteht die perfekte Illusion, als arbeiteten die Muskeln unter der Haut und als bliebe das hydrostatische Gleichgewicht der Fleischmassen während der Bewegung erhalten. Wenn das Thermostat Fiebertemperaturen erreicht, überzieht eine leichte, salzige Ausschwitzung ihre Hautoberfläche. Das Wasser hat nicht nur die physische Aufgabe, für eine sich verändernde Plastizität zu sorgen, sondern es hat auch ganz offensichtlich physiologische und hygienische Funktionen: Wenn man es intensiv von drinnen nach draußen laufen läßt, sorgt es für schnelle und vollständige Reinigung der Plastisex©.
Ein Magnesiumgerüst, das selbst unter leidenschaftlichsten Umarmungen bruchsicher ist und dem menschlichen Skelett präzise nachempfunden wurde, gewährleistet den natürlichen Ablauf aller Bewegungen und Positionen der Plastisex©. Mit etwas Übung kann man mit ihr tanzen, kämpfen, turnen und in ihrem Körper mehr oder weniger heftige Reaktionen, wie freundliche Aufnahme oder Widerstand hervorrufen. (Obgleich fügsam, können die Plastisex© äußerst kräftig sein, zumal sie mit einem Motor von einer halben Pferdestärke ausgestattet sind).
Was das Kopfhaar und den übrigen Haarwuchs betrifft, so ist es uns gelungen, eine Azetatfaser mit den Eigenschaften von Frauenhaaren herzustellen, die natürliche Haare sogar noch an Schönheit, Gewebestruktur und Elastizität übertrifft. Sind Sie ein Anhänger von Nasenfreuden? Dann stimmen Sie doch einmal die Skala der Gerüche aufeinander ab. Vom schwachen Achselhöhlen-

geruch aus Sandelholz und Moschus, bis hin zu den strengsten Ausdünstungen einer sonnengebräunten, sportlichen Frau: Reine Bocksäure oder die raffiniertesten Produkte der modernen Parfumindustrie. Berauschen Sie sich nach Belieben.

Das Angebot an Geruchs- und Geschmacksrichtungen erstreckt sich natürlich auch auf den Atem, denn unsere Schönheiten atmen langsam oder heftig erregt. Ein Regulator sorgt mittels eines kontrollierbaren Rhythmus' des Atemvorgangs für eine gleichmäßig anschwellende Kurve Ihrer Wünsche, vom Seufzer bis zum Stöhnen. Das Herz gleicht die Stärke und die Geschwindigkeit seiner Schläge automatisch an . . .

Im Bereich der Accessoires, besonders was Kleidung und Schmuck betrifft, kann es die Plastisex© mit dem Prunk der ersten Damen der Gesellschaft aufnehmen. Nackt ist sie schlicht unübertreffbar: Vor der Geschlechtsreife oder schon erwachsen, in der Blüte der Jugend oder mit allen reifen Rundungen des Herbstes, gemäß den besonderen Schattierungen einer jeden Rasse oder Mischrasse.

Für eifersüchtige Liebhaber haben wir das alte Ideal des Keuschheitsgürtels noch übertroffen: Eine Hülle für den ganzen Körper, der jede Frau in eine unbezwingbare Stahlfestung verwandelt. Was nun die Jungfräulichkeit angeht, so ist jede Plastisex© mit einer Vorrichtung versehen, die nur Sie allein knacken können, dem Plastikhymen, das ein wahres Gütesiegel ist. Es ist so wirklichkeitsgetreu, daß es nach seiner Zerstörung zusammenschrumpft und die korallenförmigen Auswüchse bildet, die man Myrten-Karunkeln nennt.

Da wir die Richtschnur unserer Verkaufsmoral, die wir uns selbst gezogen haben, unbeirrt weiterverfolgen, sind wir daran interessiert, die mehr oder weniger offen kursierenden Gerüchte zu entkräften, die einige neurotische Kunden über unsere Venus in Umlauf gebracht haben. Es wird gesagt, wir hätten eine so perfekte Frau geschaffen, daß mehrere Modelle, nachdem einsame Männer sie heiß geliebt hätten, schwanger geworden seien, und daß andere unter gewissen periodischen Störungen litten. Nichts falscher als das. Obwohl unsere Forschungsabteilung auf vollen Touren und mit einem verdreifachten Budget arbeitet, können wir uns noch immer nicht rühmen, die Frau von dieser schweren Knechtschaft befreit zu haben. Leider ist es nicht so einfach, mit dem gleichen Nachdruck eine Notiz zu dementieren, die eine unverantwortliche Zeitung in die Welt gesetzt hat, wonach ein unerfahrener Jugendlicher in den Armen einer Plastikfrau den Erstickungstod starb. Ohne die Möglichkeit eines solchen Unfalls leugnen zu wollen, bestätigen wir, daß sich so etwas nur aufgrund einer unverzeihlichen Unachtsamkeit ereignen kann.

Der moralische Charakter unserer Industrie ist bis heute unzureichend dargestellt worden. Neben den Soziologen, die uns loben, weil wir der Prostitution einen schweren Schlag versetzt haben (in Marseille existiert ein Haus, dem nicht mehr ein Hauch von Ruchlosigkeit anhaftet, da es ausschließlich mit Plastisex© arbeitet), gibt es andere, die uns beschuldigen, manisch Besessene und an Infantilismus Leidende, zu schützen. Ängstliche Personen dieses Schlages vergessen geflissentlich die Qualitäten unserer Erfindung, die sich ja bei weitem nicht auf körperlichen Genuß beschränkt, sondern allen glücklichen Benutzern erlesene geistige und ästhetische Freuden garantiert.

Wie zu erwarten war, haben die religiösen Gemeinschaften sehr verschieden auf das Problem reagiert. Die konservativen Kirchen predigen nach wie vor unerschütterlich die Enthaltsamkeit und beschränken sich allenfalls

darauf, den Umgang mit einem leblosen (!) Objekt als läßliche Sünde einzustufen. Eine Sekte jedoch, die sich von den Mormonen abgespalten hat, konnte schon zahlreiche Ehen zwischen fortschrittlichen Männern aus Fleisch und Blut und bezaubernden Puppen aus synthetischem Material schließen. Obgleich wir unsere Meinung über solche nicht statthaften Vereinigungen der Allgemeinheit vorenthalten, bereitet die Mitteilung uns Freude, daß bis auf den heutigen Tag alle diese Ehen im allgemeinen glücklich gewesen sind. Nur in ganz vereinzelten Fällen hat dieser oder jener Ehemann Detailveränderungen und -verbesserungen an seiner Frau in Auftrag gegeben, ohne daß bisher ein einziger Umtausch vorgekommen wäre, der einer Scheidung gleichkäme. Häufig kommt es auch vor, daß Kunden, die seit langem verheiratet sind, getreue Kopien ihrer Ehefrauen in Auftrag geben (im allgemeinen mit einigen Veränderungen), um auf sie zurückzugreifen, wenn die Ehefrau leicht oder schwer erkrankt ist, oder wenn sie für längere Zeit und ungewollt nicht zu Hause sein kann, was auch böswilliges Verlassen und Tod impliziert.
Als Lustobjekt sollte die Plastisex© maßvoll und vorsichtig benutzt werden, so wie es der Volksmund schon anläßlich unserer traditionellen Gefährtin rät. Bei normalem Gebrauch ist ihre eheliche Pflichterfüllung ein Garant für die Gesundheit und das Wohlbefinden des Mannes, unabhängig von seinem Alter und seiner Körperbeschaffenheit. Und was die Anschaffungs- und Unterhaltskosten betrifft, so rentiert sich die Plastisex© von selbst. Sie verbraucht gerade so viel Strom wie ein Kühlschrank, kann an jede Steckdose angeschlossen werden und kommt, wenn sie einmal mit ihrem wertvollen Zubehör ausgestattet ist, billiger zu stehen als eine durchschnittliche Ehefrau. Sie ist träge oder aktiv, ge-

sprächig oder schweigsam, ganz nach Wunsch, und man kann sie in der Abstellkammer aufbewahren.*

Unsere Venus Plastisex© ist weit davon entfernt, eine Gefahr für die Gesellschaft darzustellen, vielmehr erweist sie sich als eine mächtige Verbündete im Kampf für die Wiederherstellung der menschlichen Werte. Statt die Frau herabzuwürdigen, verleiht sie ihr Größe und Erhabenheit, indem sie die Rolle der Frau als Lustobjekt, als Geschlechtstier, um einen klassischen Ausdruck zu gebrauchen, überflüssig macht. Statt traurige, teure oder ungesunde Ware zu sein, werden sich unsere weiblichen Mitmenschen in Wesen verwandeln, die endlich ihre schöpferischen Möglichkeiten bis zu einem hohen Grad der Perfektion entwickeln können.

Wenn sich der Gebrauch der Plastisex© erst einmal durchgesetzt hat, werden wir miterleben, wie der weibliche Genius, auf den man schon so lange gewartet hat, zur Blüte gelangt. Und die Frauen, ihren traditionellen erotischen Verpflichtungen enthoben, werden für alle Zeiten über der Hinfälligkeit ihrer Schönheit die reine Herrschaft des Geistes errichten.

* Seit 1968 arbeitet unsere Tochtergesellschaft Plastihiro Sexobe an einem billigen Modell, das mit Batterien und Transistoren betrieben werden soll.

Von der Ballistik

Ne saxa ex catapultis latericium discuterunt.
Cäsar, *De bello civili, lib.* 2

Catapultae turribus impositae et quae spicula mitterunt, et quae saxa.
Appianus, *Ibericae*

Jene schwachen Narben, die man dort auf dem Ackerland sieht, sind alles, was von Nobiliors Feldlager übrig blieb. Weiter darüber erheben sich die militärischen Einrichtungen von Castillejo, Renieblas und Peña Redonda. Von der einstigen Stadt zeugt nur noch ein Hügel, auf dem Schweigen lastet . . .
– Ich darf doch bitten! Vergessen Sie nicht, daß ich von Minnesota hierher gekommen bin. Ersparen Sie sich das Gerede und sagen Sie mir, wie und auf welche Entfernung die Wurfmaschinen schossen.
– Sie verlangen etwas Unmögliches.
– Aber Sie gelten doch weltweit als Autorität für Kriegsmaschinen der Antike. Mein verehrter Professor Burns aus Minnesota gab mir ohne zu zögern Ihren Namen und Ihre Anschrift als zuverlässige Orientierung.
– Richten Sie dem Professor, den ich aufgrund seiner Briefe sehr schätze, meinen Dank aus und ein aufrichtiges Beileid für seinen Optimismus. Was ich noch sagen wollte, was ist eigentlich aus seinen Experimenten römischer Ballistik geworden?
– Ein totaler Fehlschlag. Vor zahlreichem Publikum versprach Professor Burns die mit Stacheldraht abgedeckte Mauer des Stadiums von Minnesota in die Luft zu sprengen, und seine Schleuder versagte. Es ist schon das

fünfte Mal, daß ihn seine Katapulte im Stich lassen, und er ist ziemlich deprimiert. Er wartet darauf, daß ich ihm einige Daten mitbringe, die ihn auf die richtige Spur setzen; Sie aber ...

– Richten Sie ihm aus, er soll den Mut nicht verlieren. Der unglückselige Ottokar von Soden hat die besten Jahre seines Lebens über der rätselhaften *ctesibia machina* gebrütet, die nach dem Druckluftprinzip arbeitete. Und Gatteloni, der mehr als Professor Burns wußte und wahrscheinlich mehr als ich, scheiterte 1915 mit einer fabelhaften Maschine, die er nach den Beschreibungen Ammianus Marcellinus' konstruiert hatte. Und schon vierhundert Jahre vor ihm hatte ein anderer florentinischer Mechaniker namens Leonardo da Vinci seine Zeit damit vergeudet, eine enorme Wurfmaschine nach den verloren gegangenen Aufzeichnungen des berühmten Amateurs Marcus Vitruvius Polion zu bauen.

– Als ergebener Anhänger der Mechanik befremdet und verletzt mich die Art, wie Sie über Vitruvius sprechen, eines der bahnbrechenden Genies unserer Wissenschaft.

– Ich weiß nicht, was Sie oder Ihr Professor Burns von diesen unseligen Menschen halten. Für mich ist Vitruvius ein simpler Laie. Lesen Sie doch bitte einmal seine *Libri decem* mit ein wenig Aufmerksamkeit: Auf Schritt und Tritt werden Sie spüren, daß Vitruvius von Sachen spricht, die er nicht versteht. Wir verdanken ihm aber die Überlieferung wertvollster griechischer Texte, von Aeneas dem Taktiker bis zu Heron von Alexandrien, eine allerdings völlig unsystematische Auswahl.

– Solch eine Verleumdung höre ich zum ersten Male. Wem kann man dann noch Glauben schenken? Etwa Sextus Julius Frontinus?

– Lesen Sie sein *Stratagematon* mit der größten Vorsicht. Auf den ersten Blick gewinnt man den Eindruck, hier sei der Nagel auf den Kopf getroffen. Aber die Ernüchterung breitet sich bald aus, wenn man ihm auf dem beschwerlichen Pfad seiner Beschreibungen und Irrtümer folgt. Frontinus verstand eine Menge von Aquädukten, Abzugsrinnen und Kloaken, aber in Sachen Ballistik konnte er nicht einmal eine einfache Parabel berechnen.

– Vergessen Sie bitte nicht, daß ich nach meiner Rückkehr eine Doktorarbeit von zweihundert Seiten über römische Ballistik vorbereiten und einige Vorträge halten muß. Ich möchte keine solche Schmach erleiden wie mein Doktorvater im Stadion von Minnesota. Nennen Sie mir doch bitte einige klassische Autoritäten zum Thema. Professor Burns hat mich mit seinen Erzählungen voller Wiederholungen und Abschweifungen ganz verwirrt.

– Gestatten Sie mir, daß ich von hier aus Professor Burns für seine große Redlichkeit beglückwünsche. Ich sehe, daß er Ihnen nur die chaotische Vision der antiken Ballistik weitervermittelt hat, die Marcellinus, Arrianus, Diodoros, Josephos, Polybios, Vegetius und Prokop uns von der antiken Ballistik überliefert haben. Ich werde Ihnen mal reinen Wein einschenken. Wir besitzen keine einzige zeitgenössische Zeichnung, haben keinen einzigen konkreten Anhaltspunkt. Die Pseudowurfgeschosse eines Justus Lipsius und Andrea Palladios sind reine Erfindungen auf dem Papier, die keinen Bezug zur Wirklichkeit haben.

– Was soll ich also machen? Bitte bedenken Sie doch die zweihundert Seiten meiner Doktorarbeit und die zweitausend Wörter eines jeden Vortrags in Minnesota.

– Ich will Ihnen eine Anekdote erzählen, die Ihnen das Verständnis erleichtern wird.

– Fangen Sie an.

– Sie steht im Zusammenhang mit der Eroberung von

Segida. Sie erinnern sich gewiß, daß diese Stadt im Jahre 153 von Konsul Nobilior besetzt wurde.
– Vor Christus?
– Mir scheint es unnötig, besser gesagt, mir schien es unnötig, Ihnen solche Erläuterungen zu geben.
– Verzeihen Sie.
– Also gut. Nobilior nahm Segida 153 ein. Sie werden ganz sicher nicht gewußt haben, daß man den Fall dieser strategisch wichtigen Stadt auf dem Wege nach Numantia einer Balliste verdankte.
– Welch eine Erleichterung! Eine wirksame Balliste.
– Langsam! Nur im übertragenen Sinne.
– Erzählen Sie Ihre Geschichte nur zu Ende. Ich bin sicher, daß ich nach Minnesota zurückfahre, ohne ein einziges positives Ergebnis vortragen zu können.
– Nobilior, ein ungewöhnlicher Mann, wollte den Angriff mit einem mächtigen Katapultschuß eröffnen ...
– Verzeihen Sie, aber wir sprachen doch von Wurfmaschinen.
– Sie und Ihr berühmter Professor aus Minnesota, könnten Sie mir vielleicht erklären, worin der Unterschied zwischen einer Wurfmaschine und einem Katapult besteht? Und zwischen einer Steinschleuder, einer Pfeilschleuder oder einer Ringschleuder? Schon Don José Almirante hat festgestellt, daß es für die Maschinen des Altertums weder eine einheitliche Orthographie noch zufriedenstellende Beschreibungen gäbe. Im Folgenden führe ich nur einige Namen für den gleichen Apparat an: Petroballiste, Lithoballiste, Steinschleuder oder Steinwurfschleuder. Jedes Geschütz, das mit Hilfe von Spannkräften, Verwindungskräften oder Gegengewichten funktioniert, können Sie Onager, Chalkotona, Polybolon, Akro-, Chiro-, Toxo- oder Neuroballiste nennen. Und da diese Maschinen seit dem 4. Jahrhundert v. Chr. be-

wegbar waren, könnte man sie mit Recht alle als Karrenballisten bezeichnen.

– . . . .

– Eins steht fest: Das Geheimnis, wie diese Dinosaurier des Krieges in Aktion gebracht wurden, ist verlorengegangen. Niemand weiß mehr, wie man das Holz biegsam machte, wie man die Seile aus Spartgras, Roßhaar und Därmen anfertigte, wie das System der Gegengewichte funktionierte.

– Fahren Sie mit Ihrer Geschichte fort, bevor ich den Gegenstand meiner Dissertation ändere und meine imaginären Zuhörer aus dem Vortragssaal werfe.

– Nobilior, ein ungewöhnlicher Mann, wollte also den Angriff mit einem mächtigen Ballistenschuß beginnen . .

– Ich sehe, daß Sie Ihre Geschichte perfekt auswendig gelernt haben. Sie haben sich Wort für Wort wiederholt.

– Ihr Gedächtnis läßt Sie hingegen im Stich. Ich habe gerade eine signifikante Variante gegeben.

– Wirklich?

– Ich habe Balliste statt Katapult gebraucht, um eine weitere Unterbrechung durch Sie zu vermeiden. Ich sehe, daß mein Schuß nach hinten losgegangen ist.

– Ich möchte jetzt, egal, ob nach vorne oder nach hinten, den Schuß des Nobilior.

– Dazu wird es nicht kommen.

– Wie, erzählen Sie Ihre Geschichte nicht zu Ende?

– Doch, aber es kommt nicht zum Schuß. Die Bewohner von Segida ergaben sich genau in dem Moment, da alle Hebelarme gespannt, die elastischen Sehnenbündel gerollt und die Gegengewichte der Balliste gesetzt worden waren und man sich anschickte, einen Granitblock hinüberzuschleudern. Von den Mauern herab gaben sie Zeichen, sandten Boten und schlossen einen Pakt. Man schenkte ihnen das Leben, aber unter der Bedingung, die

Stadt zu räumen, damit Nobilior sich den königlichen Spaß erlauben konnte, sie in Brand zu stecken.
– Und die Balliste?
– Sie verrottete total. Alle vergaßen sie, in der Freude über einen so bequemen Sieg, sogar die Artilleristen. Während die Bewohner von Segida ihre Niederlage unterschrieben, rissen die Seile, zerbarsten die Holzbögen, und der mächtige Hebelarm, der den riesigen Steinquader hinüberschleudern sollte, blieb bewegungslos und zerbrochen am Boden liegen und machte so dem Gesang seiner geballten Kraft Luft . . .
– Wie konnte das passieren?
– Wissen Sie denn nicht, daß ein Katapult, das nicht sofort schleudert, unbrauchbar wird? Wenn Ihnen Professor Burns das nicht mitgeteilt hat, dann, verzeihen Sie bitte, zweifle ich doch sehr an seiner fachlichen Qualifikation. Aber kommen wir auf Segida zurück. Nobilior erhielt von den reichen Bürgern außerdem noch 1800 Pfund Silber als Lösegeld, das er sofort zu Geld prägen ließ, um eine drohende Meuterei seiner Soldaten ohne Sold abzuwenden. Von diesen Geldstücken sind einige erhalten geblieben. Morgen können Sie sie im Museum von Numantia betrachten.
– Können Sie mir nicht eine als Andenken beschaffen?
– Daß ich nicht lache! Die einzige Privatperson, die Münzen aus dieser Epoche besitzt, ist Professor Adolf Schulten, und er verbrachte sein Leben damit, die Trümmer von Numantia zu durchwühlen, Grundrisse aufzudecken und unter den Furchen der Saatfelder die Spuren von militärischen Anlagen zu erahnen. Was ich Ihnen allerdings beschaffen kann, ist eine Ansichtskarte mit einer Abbildung beider Seiten der besagten Münze.
– Fahren wir fort!
– Nobilior hat großen Gewinn aus der Einnahme Segidas

geschlagen, und die Münzen, die er prägen ließ, trugen auf der einen Seite seinen Kopf und auf der anderen die Umrisse einer Balliste und das Wort: Segisa.

– Und warum Segisa und nicht Segida?

– Raten Sie mal. Ein Irrtum seitens der Präger. Diese Münzen hatten in Rom einen guten Klang. Noch größer war allerdings der Ruhm der Ballisten. Die Werkstätten des Reichs konnten die Nachfrage der Heerführer kaum befriedigen, die die Katapulte gleich zu Dutzenden bestellten und jedesmal noch größere. Und je komplizierter, desto besser.

– Aber können Sie denn nicht etwas Gesichertes sagen? Worauf ist Ihrer Meinung nach der Unterschied bei den Namen zurückzuführen, wenn es sich doch immer um den gleichen Apparat handelt?

– Vielleicht handelt es sich um verschiedene Größen, vielleicht geht das auf die Art der Geschosse zurück, die die Mannschaft gerade zur Hand hatte. Sehen Sie, Lithoballisten oder Steinschleudern schleuderten eben Steine, wie ihr Name besagt. Steine jeder Größe. Die Kommentatoren geben Gewichte von zwanzig oder dreißig Pfund bis acht oder zwölf Zentner an. Das Polybolon scheint zwar auch Steine geschleudert zu haben, aber etwa so wie ein Maschinengewehr, das heißt Wolken von Kieselsteinen. Die Pfeilschleudern verschossen – wie schon der Name sagt – riesige Pfeile, aber auch ganze Bündel von Pfeilen. Und die Neuroballisten – ja, das ist schwer zu sagen . . . schleuderten wohl Fässer mit verschiedenen Brandmaterialien, brennende Holzbündel, Leichen, große Säcke mit Unrat, um die verpestete Luft, die die unglücklichen Belagerten atmen mußten, noch unerträglicher zu machen. Es soll sogar eine Balliste gegeben haben, die Krähen schleuderte.

– Was, Krähen?

– Darf ich Ihnen noch eine Geschichte erzählen?
– Wie ich sehe, bin ich doch an den falschen Archäologen und Führer geraten.
– Diese Geschichte ist aber sehr schön, fast poetisch. Ich werde mich kurz fassen, das verspreche ich Ihnen.
– Erzählen Sie, und dann gehen wir. Die Sonne geht schon über Numantia unter.
– Eine Geschützbesatzung ließ eines Nachts die größte Balliste der Legion auf einer Anhöhe stehen, die das Dörfchen Bures, auf dem Wege nach Centóbriga, beherrschte. Wie Sie schon bemerkt haben, gehe ich noch einmal ins 2. Jhd. v. Chr. zurück, ohne aber diese Region zu verlassen. Am folgenden Morgen sahen sich die Bewohner von Bures, ungefähr hundert unschuldige Hirten, dieser Bedrohung gegenüber, die wie aus dem Boden geschossen war. Sie hatten keine Ahnung von Katapulten, aber sie witterten Gefahr. Drei Tage lang verrammelten sie sich in ihren Hütten. Da sie so nicht endlos weiterleben konnten, warfen sie das Los, um den zu bestimmen, der am nächsten Morgen das Monstrum untersuchen sollte. Die Wahl fiel auf einen sehr ängstlichen Jüngling, der sein Todesurteil zu hören glaubte. Die ganze Nacht über verabschiedete sich das Dorf von ihm und flößte ihm Mut ein, aber der Junge zitterte vor Angst. Bevor die Sonne aufging, dürfte die Balliste wie ein düsterer Galgen ausgesehen haben.
– Kam der Junge lebend zurück?
– Nein. Am Fuß der Balliste fiel er tot um, als eine Schar Krähen, die auf der Kriegsmaschine übernachtet hatte, erschreckt aufstieb.
– Um Gottes Willen! Eine Balliste, die die Übergabe der Stadt Segida herbeiführt, ohne einen Schuß getan zu haben. Eine andere, die einen kleinen Hirten mit ein paar Vögeln tötet. Soll ich das etwa in Minnesota erzählen?

– Sagen Sie, daß die Katapulte im Nervenkrieg eingesetzt wurden. Fügen Sie hinzu, daß das ganze Imperium Romanum nichts anderes war als eine riesige, komplizierte und schwerfällige Kriegsmaschine, vollgestopft mit antagonistischen Hebeln, die sich gegenseitig die Kräfte raubten. Ziehen Sie sich mit der Feststellung aus der Affäre, daß es eine Waffe der Dekadenz war.

– Glauben Sie, daß ich damit Erfolg haben werde?

– Beschreiben Sie in aller Ausführlichkeit den fatalen Höhepunkt der Ballisten. Malen Sie alles aus. Erzählen Sie, daß der Lehrerberuf in den römischen Städten höchst gefährlich wurde. Die Lehrer mußten wahre Steinigungen von Seiten der Schuljungen über sich ergehen lassen; sie wurden mit Schleudern im Taschenformat angegriffen, einer Spielzeugausgabe der handbedienten, kriegsmäßigen Ballisten.

– Glauben Sie, daß ich damit Erfolg haben werde?

– Imponieren Sie. Sprechen Sie ausführlich vom Legionstroß. Halten Sie sich bei der Betrachtung seiner 2000 Karren, seiner Lasttiere, der Munition und den Gerätschaften für Befestigung und Belagerung auf. Sprechen Sie von den unzähligen Knechten und Sklaven; kritisieren Sie den Aufschwung der Handelsleute und Kantinenwirte, verweisen Sie besonders auf die Prostitution. Der Sittenverfall, die Amtsunterschlagung und die Geschlechtskrankheiten sind immer dankbare Themen. Beschreiben Sie auch den großen Steinofen bis hin zu den Rädern, den das Ingenieurstalent des Cajus Licinius Lícito erfunden hat, und der während der Fahrt tausend Stück Brot pro Kilometer backen konnte.

– Was für ein Wunderwerk!

– Allerdings müssen Sie dabei berücksichtigen, daß der Ofen achtzehn Tonnen wog, und daß er nur drei Kilometer am Tag schaffte.

– Nicht möglich!
– Seien Sie ausdauernd! Sprechen Sie ohne Unterbrechung von den großen Ballistenansammlungen! Handhaben Sie Zahlen großzügig, ich werde Ihnen noch Quellen nennen. Sagen Sie, daß zu Zeiten Demetrius Poliorcetes schließlich achthundert Maschinen gegen eine einzige Stadt aufgefahren wurden. Das römische Heer konnte sich nicht entfalten, mußte verhängnisvolle Verzögerungen hinnehmen und verhedderte sich im Balkenwerk seiner kräfteverschleißenden Maschinen.
– Glauben Sie, daß ich damit Erfolg haben werde?
– Zum Schluß sagen Sie, daß die Wurfmaschine eine psychologische Waffe war, einen Eindruck von Stärke gab, eine vernichtende Metapher.
(In diesem Moment entdeckte der Archäologe einen Stein auf dem Boden, der ihm sehr geeignet schien, um das I-Tüpfelchen auf seine Unterweisungen zu setzen. Es handelte sich um einen dicken, runden, etwa zwanzig Kilo schweren Basaltkiesel. Voll sichtbarer Begeisterung grub er den Stein aus und legte ihn dem Studenten in die Arme).
– Was für ein Glück Sie haben! Sie wollten eine Münze mitnehmen, und siehe da, was Ihnen das Schicksal beschert.
– Was soll das Ganze?
– Ein kostbares Geschoß aus römischer Zeit, zweifellos abgeschossen von einer jener Maschinen, die Sie so sehr beschäftigen.
(Der Student war sichtlich verwirrt über das Geschenk).
– Aber . . . sind Sie auch sicher?
– Nehmen Sie diesen Stein mit nach Minnesota und legen Sie ihn auf Ihr Rednerpult. Er wird das Publikum mächtig beeindrucken.
– Meinen Sie?

– Ich selbst werde Ihnen die erforderlichen Dokumente besorgen, damit die spanischen Behörden Ihnen die Ausfuhr gestatten.
– Aber sind Sie auch sicher, daß es sich bei diesem Stein um ein römisches Geschoß handelt?
(Die Stimme des Archäologen klang jetzt drohend ungehalten.)
– Ich bin ganz sicher. Wenn Sie, statt heute zu kommen, vor zweitausend Jahren nach Numantia gereist wären, hätte dieser Stein, den die Kanoniere des Scipio abgefeuert haben, Ihnen den Kopf zerschmettert.
(Bei dieser überzeugenden Antwort wurde der Student aus Minnesota nachdenklich und drückte den Stein liebevoll gegen seine Brust. Für einen Moment machte er einen seiner Arme frei, fuhr sich mit der Hand über die Stirn, so als wollte er ein für allemal die Hirngespinste der römischen Ballistik wegwischen).
– Die Sonne war schon hinter der kargen numantinischen Landschaft untergegangen. Im trockenen Flußbett des Merdancho glänzte eine Sehnsucht nach Fluß. Die Seraphine des Angelus flogen in der Ferne über unsichtbare Dörfer. Meister und Schüler verharrten unbeweglich, verewigt in einer augenblicklichen, inneren Andacht, wie zwei erratische Blöcke in der graudunklen Abenddämmerung.

Eine dressierte Frau

... et nunc manet in te ...

Heute bin ich stehen geblieben, um mir dieses seltsame Schauspiel anzusehen: Auf einem Platz am Stadtrand führte ein staubbedeckter Gaukler eine dressierte Frau vor. Obgleich die Vorstellung zu ebener Erde und mitten auf der Straße stattfand, maß der Mann dem kurz vorher gezogenen Kreidekreis – wie er sagte, mit Erlaubnis der Behörden – die größte Bedeutung bei. Ein ums andere Mal ließ er die Zuschauer, die die Abgrenzung dieser improvisierten Bühne überschritten, zurücktreten. Die Kette, die von seiner linken Hand zum Hals der Frau reichte, hatte nur symbolische Bedeutung, denn sie wäre schon bei der geringsten Anstrengung zerrissen. Sehr viel eindrucksvoller war die Peitsche aus weicher Seide, die der Gaukler stolz durch die Luft schwang, ohne jedoch ein Knallen aus ihr hervorzulocken.

Ein kleines Monster von undefinierbarem Alter vervollständigte das Ensemble. Mit seiner kleinen Trommel lieferte es den musikalischen Hintergrund für die Auftritte der Frau, die nichts anderes tat, als aufrecht einherzugehen, Papierhindernissen auszuweichen und elementare Rechenaufgaben zu lösen. Bei jedem Geldstück, das auf den Boden rollte, entstand eine kurze theatralische Stille im Publikum. »Küssen«, befahl der Gaukler. »Nein, den nicht, den Herrn, der das Geld geworfen hat.« Die Frau fand nicht gleich den richtigen, und ein halbes Dutzend Männer ließ sich unter Lachen und Händeklatschen und mit leichter Gänsehaut küssen. Ein Polizist näherte sich und sagte, daß dies verboten sei. Da zog der Dompteur ein schmuddeliges Papier mit

offiziellen Stempeln hervor, und der Polizist zog verärgert und achselzuckend ab.
Genau genommen ging von dieser Frau kein besonderer Charme aus. Aber er ließ auf eine unendliche, offen gesagt, anormale Geduld des Mannes schließen. Das Publikum weiß solche Anstrengungen immer zu schätzen. Es zahlt, um einen bekleideten Floh zu sehen; nicht so sehr der schönen Kleider wegen, sondern wegen der Mühe, die es kostet, sie ihm anzulegen. Ich selbst habe längere Zeit staunend einem Behinderten zugesehen, der mit seinen Füßen das fertigbrachte, was nur sehr wenige mit ihren Händen machen können.
Von blinder Solidarität getrieben, verlagerte ich mein ganzes Interesse von der Frau auf den Mann. Ganz ohne Zweifel litt der Typ. Je schwieriger sich der Vorstellungsverlauf gestaltete, um so mehr Mühe bereitete es ihm, sich zu verstellen und zu lächeln. Jedesmal wenn sie sich ungeschickt anstellte, zitterte der Mann vor Angst. Ich begriff, daß die Frau ihm alles andere als gleichgültig war, und daß er sie vielleicht während der mühsamen Jahre der Dressur liebgewonnen hatte. Zwischen beiden bestand eine innige und erniedrigende Beziehung, die weit über das Verhältnis von Dompteur und Raubkatze hinausging. Wer sich weiter in diesen Gedanken vertieft, wird zweifellos zu einer obszönen Schlußfolgerung gelangen.
Das Publikum, das von Natur aus naiv ist, merkt überhaupt nichts und übersieht die Details, die dem besonnenen Beobachter sofort ins Auge springen. Es bestaunt den Schöpfer eines Wunderwerks, aber es schert sich weder um sein Kopfzerbrechen noch um die möglicherweise ungeheuerlichen Einzelheiten seines Privatlebens. Es hält sich nur an Ergebnisse, und wenn man es erheitert, spart es nicht mit Applaus.

Die einzige sichere Aussage, die ich über den Gaukler machen kann, wenn ich ihn nach seinem Verhalten beurteile, ist die, daß er sich stolz und schuldig fühlte. Natürlich konnte ihm niemand das Verdienst absprechen, die Frau dressiert zu haben; niemandem wäre es aber auch in den Sinn gekommen, einen Gedanken an seine Niedertracht zu verschwenden. (Als ich bei diesem Gedanken angekommen war, schlug die Frau auf einem schmalen, verschlissenen Samtteppich Purzelbäume.)
Der Hüter der öffentlichen Ordnung näherte sich noch einmal, um dem Gaukler neue Scherereien zu bereiten. Nach seiner Darstellung behinderten wir den Verkehr, sozusagen den Ablauf des normalen Lebens. »Eine dressierte Frau? Geht doch alle zum Zirkus.« Der Angeklagte pochte noch einmal auf den Inhalt seines schmutzigen Papiers, und der Polizist las, wobei er das Papier vor Ekel weit von sich hielt. (Die Frau sammelte unterdessen Geldstücke in ihrem Paillettenhut ein. Die Mutigsten unter ihnen ließen sich küssen; andere traten bescheiden, teils stolz, teils beschämt, zur Seite.)
Der Vertreter der Staatsgewalt ließ sich durch eine Geldspende der Zuschauer bestechen und verschwand endgültig. Allergrößtes Glück vortäuschend, befahl der Gaukler dem Zwerg, tropische Rhythmen zu trommeln. Die Frau, die sich gerade für eine Rechennummer vorbereitete, schüttelte ihren farbigen Abakus wie ein Tamburin. Sie begann nicht gerade graziös und auch nicht eben aufreizend zu tanzen. Ihr Dresseur fühlte sich zutiefst enttäuscht, und insgeheim sah er sich schon im Gefängnis. Niedergeschlagen und wütend verfluchte er die Langsamkeit der Tänzerin mit verletzenden Ausdrükken. Sein falscher Enthusiasmus sprang auf das Publikum über, und alle klatschten mehr oder weniger begeistert in die Hände und wiegten ihre Körper im Takt.

Um die Wirkung zu verstärken und aus dem Wunsch heraus, das Bestmögliche aus der Situation herauszuschlagen, begann der Mann, die Frau mit seiner Lügenpeitsche zu schlagen. Da begriff ich meinen Irrtum. Ich richtete meine Augen einfach auf sie, wie alle anderen auch. Ich wandte mich von ihm ab, wie groß auch immer seine Tragik gewesen sein mag. (In diesem Augenblick liefen Tränen über sein mehlgepudertes Gesicht.)
Ich war entschlossen, vor allen anderen mein Mitleid und meine Kritik zu verleugnen, und da ich vergeblich in den Augen des Gauklers nach Erlaubnis suchte, sprang ich über die Kreidelinie in den Kreis der Verrenkungen und Bocksprünge, noch bevor ein anderer reuevoller Einsichtiger mir zuvorkommen konnte.
Von seinem Vater angefeuert, holte der Zwerg mit einem unglaublichen Trommelwirbel das letzte aus seinem Instrument heraus. Solch eine unerwartete Begleitung beflügelte auch die Frau, die sich selbst übertraf und tosenden Beifall erhielt. Ich paßte mich ihrem Rhythmus an und blieb ihr in dieser improvisierten, nicht enden wollenden Bewegung keinen Schritt schuldig, bis das Kind zu trommeln aufhörte.
Zum Abschluß fiel mir nichts Passenderes ein, als spontan auf die Knie zu fallen.

Pablo

Es war ein Morgen wie jeder andere, an dem die Dinge so aussahen wie immer und sich die Geräusche in den Büros der Zentralbank wie ein monotoner Platzregen ausbreiteten, als das Herz Pablos von der Gnade heimgesucht wurde. Der Hauptkassierer hielt in seinen schwierigen Berechnungen inne, und all seine Gedanken konzentrierten sich auf einen Punkt. Die Idee der Gottheit erfüllte seinen Geist, intensiv und strahlend wie eine Vision, deutlich wie ein mit Händen greifbares Bild. Eine seltsame und tiefe Freude, die früher nur wie ein flüchtiges, kurzes Aufleuchten zu ihm drang, läuterte sich und fand ihre Erfüllung. Er hatte den Eindruck, daß die Welt von unzähligen Pablos bewohnt sei, die in diesem Moment alle in seinem Herzen zusammenströmten.

Pablo sah Gott im Anfang der Zeiten, umfassend und als Person, wie er alle Möglichkeiten der Schöpfung in sich begriff. Seine Gedanken schwebten wie Engel im Raum, und der schönste von allen, herrlich und weit wie das Licht, war der Gedanke der Freiheit. Das erst kürzlich erschaffene, noch jungfräuliche Universum fügte seine Geschöpfe zu harmonischen Ordnungen zusammen. Gott hatte ihnen Leben, Ruhe und Bewegung verliehen, war selbst aber ungeteilt, fern und erhaben geblieben. Die vollkommenste seiner Schöpfungen war ihm selbst in grenzenlose Ferne gerückt. Ein Unbekannter inmitten seiner schöpferischen und bewegenden Allmacht; niemand konnte ihn denken, ihn nicht einmal erahnen. Als Vater von Kindern, die unfähig waren ihn zu lieben, fühlte er sich bitterlich allein, und er lenkte seine Gedanken auf die Menschen, in denen er die einzige Möglichkeit sah, sein Wesen umfassend zu verwirklichen.

Da wurde ihm klar, daß der Mensch göttliche Eigenschaften erhalten müsse; anderenfalls würde er selbst nur ein stummes und abhängiges Geschöpf unter anderen sein. Nach einer langen Zeit des Zögerns entschloß sich Gott, auf der Erde zu leben; er löste sein Sein in Tausende von Teilchen auf und pflanzte sie den Menschen ein, damit sich eines Tages diese umherirrenden, eigenmächtigen Teile, nachdem sie alle möglichen Formen des Lebens durchlaufen hätten, vereinigten und sich noch einmal zum ursprünglichen Modell zusammenfügten und auf diese Weise Gott heraussonderten und ihm wieder die Einheit zurückgäben. So schlösse sich der Kreis der Weltenschöpfung, und der Schöpfungsprozeß, den Gott eines Tages anfing, als sein Herz von schrankenloser Liebe überquoll, wäre in seiner Ganzheit überprüft.
Verloren im Strom der Zeit, ein Wassertropfen in einem Meer von Jahrhunderten, ein Sandkorn in einer unendlichen Wüste, so sitzt Pablo hinter seinem Schreibtisch; er trägt einen graukarierten Anzug und eine Brille aus Schildpattimitation, seine kastanienbraunen glatten Haare hat er akkurat gescheitelt, und er schreibt ordentliche Buchstaben und Zahlen. Und als gewissenhafter Bankangestellter stimmen seine Buchhaltung und seine Berechnungen haargenau; er ordnet Zahlen zu senkrechten Säulen, ihm ist nie ein Fehler unterlaufen, noch hat er die Seiten seiner Bücher beschmutzt. Da sitzt er also, über seinen Tisch gebeugt, und empfängt die ersten Worte einer ungewöhnlichen Botschaft, er, den niemand kennt noch jemals kennen wird, der aber in sich die vollkommene Formel trägt, den Glückstreffer einer überaus großen Lotterie.
Pablo ist weder gut noch schlecht. Seine Handlungen stehen im Einklang mit einem Charakter, dessen Mechanismus auf den ersten Blick sehr einfach ist; aber seine

Elemente brauchten Jahrtausende, um sich zu vereinigen, und sein Funktionieren war seit der Weltendämmerung vorgesehen. Die gesamte Menschheitsgeschichte mußte ohne Pablo auskommen. Gegenwärtig wimmelt es von unvollkommenen Pablos, besseren und schlechteren, großen und kleinen, berühmten und unbekannten. Unbewußt haben alle Mütter versucht, ihn als Sohn zu haben, und alle gaben diese Aufgabe an ihre Nachkommen weiter, mit der Gewißheit, daß sie eines Tages seine Ahnen sein würden. Aber Pablo wurde beiläufig gezeugt; seine Mutter ist bei der Geburt nichtsahnend gestorben. Den Schlüssel zu dem Plan, nach dem sein Leben ablief, erhielt Pablo an einem ganz gewöhnlichen Morgen, dem kein äußeres Zeichen vorhergegangen war, an dem alles so verlief wie immer, und den die Arbeit in den weiträumigen Büros der Zentralbank mit den gewohnten Geräuschen erfüllte.
Als Pablo das Büro verließ, sah er die Welt mit anderen Augen. All seinen Mitmenschen begegnete er mit stiller Ehrerbietung. Er konnte durch die Brust der Menschen sehen, wie durch lebende Monstranzen, und das weiße Symbol leuchtete in allen. Der allmächtige Schöpfer war in jedem seiner Geschöpfe gegenwärtig und in jedem einzelnen bestätigt. Seit diesem Tage beurteilte Pablo das Böse anders als früher: als Ergebnis einer nicht ausgewogenen Dosis an Tugenden, zu wenig von dieser, zu viel von jener. Und die mangelnde Ausgewogenheit zeugte falsche Tugenden, die alle das Gesicht des Bösen trugen.
Pablo empfand tiefes Mitleid mit all jenen unbewußten Gottesträgern, die Gott oft vergessen oder leugnen und ihn in ihrem verderbten Körper gefangenhalten. Er sah die Menschheit unermüdlich nach dem Urbild suchen und forschen. Jedes Neugeborene konnte vielleicht der Erlöser sein, jeder Tote war eine falsche Formel. Das

Menschengeschlecht spielte vom ersten Tage an alle möglichen Kombinationen durch, probierte alle nur erdenklichen Zusammensetzungen mit göttlichen Partikeln, die sich verstreut in der Welt befinden. Die Menschheit verbirgt leidvoll ihre Mißerfolge unter der Erde und betrachtet mit Erregung das stets neue Opfer der Mütter. Die Heiligen und die Weisen lassen die Hoffnung immer wieder neu entstehen; die großen Verbrecher der Welt vereiteln sie. Vielleicht lauert vor der endgültigen Entdeckung die letzte Enttäuschung, und die Formel muß sich bewahrheiten, die aus dem Menschen das genaue Gegenteil seines Urbilds gemacht hat, die apokalyptische Bestie, vor der sich alle Jahrhunderte gefürchtet haben.

Pablo wußte sehr wohl, daß niemand die Hoffnung verlieren dürfe. Die Menschheit ist unsterblich, weil Gott in ihr ist, ja, das Unvergängliche im Menschen ist die Ewigkeit Gottes. Die großen Katastrophen, die Überschwemmungen und Erdbeben, die Kriege und die Pest, werden das letzte Paar nicht ausrotten können. Der Mensch wird nie nur einen Kopf tragen, damit niemand ihn mit einem Streich abschlagen kann.

Seit dem Tage der Erleuchtung erlebte Pablo ein anderes Leben. Mit unwesentlichen Beschäftigungen und Wünschen gab er sich nicht mehr ab. Es schien ihm, als habe die normale Abfolge der Tage und Nächte, der Wochen und Monate für ihn ihre Gültigkeit verloren. Er glaubte, in einem einzigen, alles umfassenden unbeweglichen Moment zu leben, so weit und so statisch wie eine Insel in der Ewigkeit. Seine Freizeit widmete er der Meditation und der Demut. Jeden Tag wurde er von Erleuchtungen heimgesucht, und sein Verstand füllte sich allmählich mit immer größerer Klarheit. Ohne sein Zutun durchdrang ihn nach und nach der Hauch des Göttlichen, und er fühlte sich erleuchtet und entrückt, so als sei ein kräftiger Frühlingswind durch die Verästelungen seines Seins gezogen. Sein Denken wurde auf die höchsten Gipfel getragen. Wenn er in Gedanken versunken, mit dem Kopf in den Wolken, auf der Straße ging, fiel es ihm schwer, sich an sein Erdendasein zu erinnern. Die Stadt verwandelte sich vor seinen Augen. Vögel und Kinder brachten ihm glückliche Nachrichten. Die Farben leuchteten noch intensiver und schienen sich gerade erst auf die Dinge gelegt zu haben. Pablo hätte sehr gern das Meer und die großen Gebirge gesehen. Er tröstete sich mit Rasenflächen und Springbrunnen.

Warum teilten die anderen Menschen diese höchste Freude nicht mit ihm? Sein Herz richtete stumme Einladungen an alle. Manchmal ängstigte ihn die Einsamkeit seiner Verzückung. Die ganze Welt gehörte ihm, und er zitterte wie ein Kind vor der Größe des Geschenks; aber er nahm sich vor, es bis in alle Einzelheiten auszukosten. Zunächst einmal mußte er einen Nachmittag diesem großen und herrlichen Baum widmen, einer weiß- und rosagetönten Wolke, die langsam vorbeischwebt, oder dem Spiel eines blonden Kindes, das seinen Ball über die Rasenfläche rollt.

Selbstverständlich wußte Pablo, daß einer der Gründe für seine Freude eben darin bestand, daß es eine heimliche, nicht übertragbare Freude war. Er verglich sein früheres Leben mit dem von heute. Was für eine Wüste aus unfruchtbarer Monotonie! Er begriff, daß er sich, wenn damals jemand gekommen wäre, um ihm das Erdenrund zu offenbaren, gleichgültig verhalten hätte, weil er alles monoton, nichtssagend und leer gesehen hatte.

Niemandem teilte er auch nur die geringste seiner Erfahrungen mit. Er lebte in einer glücklichen Einsamkeit, ohne enge Freunde und ohne Verwandte in seiner

Nähe. Sein scheuer und schweigsamer Charakter kam seiner Zurückgezogenheit entgegen. Seine einzige Sorge bestand darin, daß sein Gesicht die Verwandlung offenbaren könnte, und daß seine Augen den inneren Glanz verrieten. Glücklicherweise trat nichts von alledem ein. Bei der Arbeit und in seiner Pension bemerkte niemand irgendeinen Wandel, und das äußere Leben verlief genauso wie früher.

Manchmal brach eine versprengte Erinnerung aus seiner Kindheit oder seiner Jugend in sein Gedächtnis ein, um sich in eine klare Einheit einzufügen. Pablo hatte Gefallen daran, diese Erinnerungen rings um die zentrale Idee anzuordnen, die seine Seele erfüllte, und er genoß es, in ihnen eine Art Vorbedeutung auf sein späteres Schicksal zu sehen. Vorbedeutungen, die er mißachtet hatte, weil sie zu knapp und zu schwach gewesen waren, und weil er es noch nicht gelernt hatte, diese Botschaften zu entschlüsseln, die die Natur, eingeschlossen in kleine Wunder, zum Herzen eines jeden Menschen schickt. Jetzt füllten sie sich mit Sinn, und Pablo markierte den Weg, den seine Seele durchlaufen hatte, wie mit weißen Steinchen. Jedes einzelne erinnerte ihn an einen glücklichen Zustand, den er nach Belieben noch einmal durchleben konnte.

Zu gewissen Zeiten schien das göttliche Teilchen ungewohnte Ausmaße im Herzen Pablos anzunehmen, und Pablo wurde von Panik ergriffen. Dann suchte er Zuflucht bei seiner bewährten Demut, sah sich nur als den geringsten unter den Menschen, den ungeeignetsten der Gottesträger, den untauglichsten Versuch der ewigen Suche.

Das einzige, was er sich in seinen ehrgeizigen Momenten wünschen konnte, war, den Augenblick des Findens zu erleben. Aber das schien ihm unmöglich und vermessen.

Er spürte die mächtige und offensichtlich blinde Anstrengung, die das Menschengeschlecht unternimmt, um sich zu erhalten, um mit jedem Male die Zahl der Versuche zu vermehren, um den Phänomenen, die den Lauf des Lebens unterbrechen, einen immer unzerstörbaren Widerstand entgegenzusetzen. Diese Kraft, dieser immer schwerer erkämpfte Erfolg, stützte sich unausgesprochen auf die Hoffnung und auf die Gewißheit, daß eines Tages das ursprüngliche und endgültige Wesen unter den Menschen existieren wird. An jenem Tag würde der Selbsterhaltungs- und Fortpflanzungstrieb aufhören. Alle Menschen, die dann gerade lebten, wären überflüssig und würden allmählich verschwinden, aufgesogen von jenem Sein, das alles enthielte, das die Menschheit, die Jahrhunderte, die Jahrtausende von Unwissenheit, Laster und Suche zu rechtfertigen hätte. Das so von seinen Makeln befreite Menschengeschlecht würde für immer an der Brust seines Schöpfers ruhen. Kein Schmerz wäre vergebens gewesen, keine Freude umsonst: Die Schmerzen und Freuden wären in dem einen unendlichen Sein vervielfacht worden.

Auf diesen glücklichen Einfall, der alles rechtfertigt, folgte dann manchmal sein Gegenstück, das ihn fesselte und ermüdete. Der herrliche Traum, den er so klar geträumt hatte, verlor an Schärfe und drohte zu zerrinnen oder zu einem Alptraum anzuschwellen.

Vielleicht könnte Gott sich niemals mehr sammeln und müßte für immer verstreut bleiben, begraben, gefangen in Millionen von Gefängnissen, in verzweifelten Menschen, die jeder für sich ihr Bruchstück von der Sehnsucht nach Gott spürten, und die sich alle zusammen unermüdlich vereinigten, um Ihn wiederzufinden, um sich selbst in Ihm wiederzufinden. Aber die Wesenheit Gottes würde sich nach und nach zersetzen wie ein Edelmetall, das sich, viele Male geschmolzen, allmählich in immer gröberen Legierungen verlöre. Schon fände der Geist Gottes seinen Ausdruck nur noch in dem mächtigen Willen zu überleben, und verschlösse die Augen vor Millionen von Fehlschlägen, der täglichen, bitteren Erfahrung des Todes. Das göttliche Teilchen würde heftig im Herzen eines jeden Menschen schlagen, an die Tür seiner Gefängniszelle pochen. Alle würden auf diesen Ruf mit einem immer plumperen und sinnloseren Wunsch nach Fortpflanzung antworten, und die Wiederzusammensetzung Gottes würde unmöglich, denn, um ein einziges kostbares Teilchen zu isolieren, müßte man einen Berg von Schlacke verarbeiten und einen Sumpf von Ungerechtigkeit trocken legen.

In solchen Momenten wurde Pablo von Verzweiflung geschüttelt. Doch die Verzweiflung trug den Keim der letzten Gewißheit in sich, die er vergeblich aufzuschieben versucht hatte.

Pablo fing allmählich an, seine schreckliche Rolle als Beobachter zu begreifen und ihm wurde bewußt, daß er die Welt verschlang, während er über sie nachsann. Die Meditation nährte seinen Geist, und sein Hunger nach Meditation wurde immer größer. In den Menschen sah er nicht länger seine Nächsten; seine Einsamkeit wuchs, bis sie schließlich unerträglich wurde. Neidisch blickte er auf die anderen, auf diese unbegreiflichen Wesen, die nichts begriffen, und die ihr ganzes Trachten aus freien Stücken auf nichtsnutzige Beschäftigungen richten, sich freuen und leiden rings um einen einsamen, gigantischen Pablo, der über ihre Köpfe hinweg eine dünn gewordene, reine Luft atmete und seine Tage damit verbrachte, die guten Taten der Menschen zu prüfen und festzuhalten.

Pablos Gedächtnis tauchte behende in die Vergangenheit zurück. Er lebte sein Leben noch einmal, Tag für Tag,

Minute für Minute. Er erreichte die Kindheit, sein Säuglingsalter. Weiter ging es zurück, über seine Geburt hinaus, und er lernte das Leben seiner Eltern und seiner Vorfahren kennen, bis hin zur letzten Wurzel seines Stammbaums, wo er seinen von der Einheit beherrschten Geist wiedertraf.

Er fühlte sich zu allem fähig. Er konnte sich an die unscheinbarsten Einzelheiten aus dem Leben eines jeden Menschen erinnern, das Universum in einem Satz einschließen, mit seinen eigenen Augen die zeitlich und räumlich entferntesten Dinge sehen, in seiner Faust Wolken, Bäume und Steine umschließen.

Sein Geist verkroch sich voller Schrecken in sich selbst. Eine unerwartete und außergewöhnliche Ängstlichkeit bemächtigte sich jeder seiner Handlungen. Er wählte äußere Gelassenheit als Antwort auf das heftige Feuer, das sein Inneres verzehrte. Nichts durfte den Ablauf seines Lebens ändern. In der Tat gab es zwei Pablos, aber die Menschen kannten nur einen. Der andere, der wesentliche Pablo, der das Gleichgewicht der Menschheit wiederherstellen und ein günstiges oder ungünstiges Urteil abgeben konnte, blieb verkannt, gänzlich unbeachtet in seinem ehrlichen, graukarierten Anzug, mit seinem Blick aus tiefeinliegenden Augen, die eine Brille aus Schildpattimitation schützte.

Aus seinem riesigen Vorrat an menschlichen Erinnerungen ragte eine an sich unbedeutende Geschichte heraus, die er vielleicht in seiner Kindheit gelesen hatte und die nun seine Seele bekümmerte. Die Geschichte kam Pablo nur unscharf und bruchstückhaft ins Gedächtnis zurück: In einem Gebirgsdorf gelang es einem alten, fremden Hirten, alle seine Nachbarn davon zu überzeugen, daß er selber die Verkörperung Gottes sei. Eine Zeitlang erfreute er sich einer privilegierten Position. Dann folgte

eine Dürreperiode. Die Ernte verdorrte, die Schafe gingen ein. Die Gläubigen fielen über den Gott her und opferten ihn gnadenlos.
Nur ein einziges Mal wäre Pablo beinahe entdeckt worden; nur ein einziges Mal stand Pablo wohl auf seiner wirklichen Höhe, aus der Sicht eines anderen, und bei dieser Gelegenheit hat Pablo seine wahre Natur nicht geleugnet und einen Augenblick lang das unendliche Wagnis auf sich genommen.
Es war ein herrlicher Tag, und Pablo stillte seinen Weltenhunger, als er auf einer der Alleen in der Innenstadt spazieren ging. Plötzlich blieb jemand mitten auf dem Bürgersteig stehen und erkannte ihn. Pablo fühlte sich wie vom Blitz getroffen. Er blieb bewegungslos und stumm vor Überraschung stehen. Sein Herz schlug heftig, aber zugleich mit unendlicher Zärtlichkeit. Er setzte einen Fuß vor und machte Anstalten, seine Arme schützend zu heben, bereit, erkannt, verraten und gekreuzigt zu werden.
Die Begegnung, die Pablo wie eine Ewigkeit vorkam, hatte nur ein paar Sekunden gedauert. Der Fremde schien letztlich doch zu zweifeln, murmelte verwirrt und seinen Irrtum eingestehend eine Entschuldigung und ging weiter.
Von Furcht gepackt, erleichtert und betroffen zugleich, verharrte Pablo noch eine Zeitlang regungslos. Er begriff, daß sein Gesicht ihn allmählich verriet und ließ erhöhte Vorsicht walten. Seit diesem Zwischenfall zog er es vor, nur noch in der Abenddämmerung spazierenzugehen und die Parkanlagen zu besuchen, wenn Frieden und Schatten über ihnen lagen.
Pablo mußte peinlich genau jede einzelne seiner Handlungen überwachen, und er setzte all seinen Eifer daran, selbst noch den bescheidensten Wunsch zu unterdrücken.

Er hatte sich vorgenommen, den Lauf des Lebens nicht im geringsten zu hemmen, noch die unbedeutendste Erscheinung zu verändern. Praktisch verleugnete er seinen Willen. Er versuchte, nichts zu unternehmen, um sein Wesen selbst zu überprüfen; der Gedanke der Allmacht lastete beklemmend auf seiner Seele.

Aber alles war vergeblich. Das Universum ergoß sich in Strömen über sein Herz und machte Pablo zu einem breiten Fluß, der die Wassermassen zum Urquell zurückbrachte. Jeder Widerstand war sinnlos; sein Herz breitete sich wie eine Ebene aus, auf der sich das Wesen der Dinge abregnete.

Auf dem Höhepunkt seines überquellenden Reichtums begann Pablo, an der Verarmung der Welt zu leiden, die im Begriff war, sich ihrer Wesen zu entledigen, ihre Wärme zu verlieren und ihre Bewegung anzuhalten. Ein überschäumendes Gefühl von Mitleid und Erbarmen bemächtigte sich seiner und wurde allmählich unerträglich.

Pablo litt für alle: Für das verhinderte Leben der Kinder, deren Abwesenheit in Kindergärten und Schulen schon spürbar wurde; für das sinnlose Leben der Menschen und für die vergebliche Ungeduld der Schwangeren, die die Geburt ihrer Kinder nicht mehr erleben würden; für die jungen Paare, die nach kurzer Zeit auseinandergingen, da sie sich nichts Wichtiges mehr zu sagen hatten, und die sich verabschiedeten, ohne ein Rendezvous für den nächsten Tag auszumachen. Er sorgte sich um die Vögel, die ihre Nester vergaßen und verloren und planlos in der bewegungslosen Luft umherflatterten. Die Blätter der Bäume wurden gelb und fielen ab. Bei dem Gedanken, daß es für sie keinen neuen Frühling geben würde, erschrak er, denn er nährte sich von dem Leben all dessen, was starb. Er fühlte sich außerstande, die Erinne-

rung an eine tote Welt zu überleben, und seine Augen füllten sich mit Tränen.
Das zarte Herz Pablos bedurfte keiner langen Beratung. Er hielt über niemanden Gericht. Pablo faßte den Entschluß, daß die Welt leben sollte, und er nahm sich vor, ihr all das zurückzugeben, was er ihr im Laufe der Zeit genommen hatte. Er versuchte sich zu erinnern, ob nicht in der Vergangenheit ein anderer Pablo gelebt hätte, der sich aus der Höhe seiner Einsamkeit in den Ozean der Welt gestürzt hätte, um einen neuen Kreislauf flüchtigen und zerstreuten Lebens zu beginnen.
Eines trüben Morgens, an dem die Welt beinahe alle ihre Farben verloren hatte, brach Pablos Herz auf wie eine Kassette voll gleißender Schätze, und er beschloß seinen Opfertod. Ein zerstörerischer Wind suchte die Welt heim, eine Art schwarzer Erzengel mit Flügeln aus Nordwind und Sprühregen schien die Konturen der Wirklichkeit auszulöschen und den letzten Akt anzukündigen. Pablo hielt ihn zu allem fähig, hielt ihn fähig, Bäume und Statuen aufzulösen, Quadersteine zu zerstören und mit seinen düsteren Flügeln das letzte bißchen Wärme der Dinge hinwegzutragen. Zitternd und ohne daß er das Schauspiel des Weltenzerfalls auch nur einen Moment länger hätte ertragen können, schloß sich Pablo in sein Zimmer ein und schickte sich an zu sterben. Auf irgendeine Weise, wie der unbedeutendste Selbstmörder, beendete er seine Tage, bevor es zu spät sein würde, und er öffnete die Schleusen seiner Seele sperrangelweit.
Die Menschheit setzt ihre Versuche eifrig fort, nachdem sie wieder einmal eine untaugliche Formel unter der Erde versteckt hat. Seit gestern ist Pablo wieder bei uns, in uns, er ist wieder auf der Suche nach sich selbst.
Heute morgen strahlt die Sonne mit seltenem Glanz.

Tauschparabel

Der Händler zog mit dem Ausruf »Tausche alte Ehefrauen gegen neue!« durch die Dorfstraßen; hinter ihm ein Zug bemalter zweirädriger Klapperkisten.
Da die Preise von vornherein unumstößlich festgesetzt waren, verliefen die Tauschgeschäfte sehr rasch. Die Interessenten erhielten Qualitätsurkunden und Garantiescheine, aber niemand konnte selbst wählen. Nach Aussagen des Händlers waren die Frauen alle vierundzwanzigkarätig. Alle waren blond und gehörten zum Stamm der Tscherkessen; blonder als blond, goldblond wie Kerzenleuchter.
Als die Männer die Neuerwerbung des Nachbarn sahen, liefen sie wie toll geworden hinter dem Händler her. Viele brachten sich dabei um Haus und Hof. Nur ein Jungvermählter konnte gleich zu gleich tauschen. Seine Ehefrau war noch taufrisch und hielt den Vergleich mit den fremdländischen Frauen stand. Aber sie war nicht so blond wie die anderen.
Als ein prächtiger Karren vorbeifuhr, zitterte ich hinter meinem Fenster. Zurückgelehnt in Kissen und Draperien ruhte eine Frau, die einem Leoparden glich, und ihr Blick blendete mich, als käme er aus einem Topazblock. Von dem ansteckenden Wahnsinn gepackt, hätte ich mich fast gegen die Fensterscheibe geworfen. Beschämt ging ich vom Fenster weg und wandte mein Gesicht Sofia zu.
Gelassen stickte sie gerade die üblichen Initialen in ein neues Tischtuch. Fern von der allgemeinen Aufregung fädelte sie mit sicheren Fingern den Faden ein. Nur weil ich sie gut kenne, konnte ich eine leichte, kaum spürbare Blässe an ihr wahrnehmen. Am Ende der Straße schrie der Händler zum letzten Male sein verwirrendes Angebot

»Tausche alte Ehefrauen gegen neue!« Aber ich blieb wie festgenagelt stehen, verschloß meine Ohren vor der letzten Gelegenheit. Draußen im Dorf lag ein Skandal in der Luft.

Sofia und ich aßen wortlos zu Abend, wir waren unfähig zu irgendeinem Kommentar.

– Warum hast du mich eigentlich nicht eingetauscht?, fragte sie schließlich beim Abräumen.

Ich konnte nicht antworten, und wir fielen beide noch tiefer ins Leere. Wir gingen früh zu Bett, konnten aber nicht einschlafen. Schweigend und jeder für sich spielten wir in dieser Nacht die Rolle des steinernen Gastes.

Von diesem Tag an lebten wir wie auf einer kleinen, verlassenen Insel, umgeben von stürmischem Glück. Das Dorf glich einem von Pfauen überschwemmten Hühnerhof. Die trägen wollüstigen Frauen verbrachten den ganzen Tag in ihren Betten. Im Licht der Abendsonne kamen sie strahlend zum Vorschein wie gelbe, seidene Standarten.

Die willfährigen, unterwürfigen Ehemänner trennten sich nicht einen Augenblick lang von ihnen. Auf Honig versessen, vernachlässigten sie ihre Arbeit, ohne an den nächsten Tag zu denken.

In den Augen der Nachbarschaft galt ich als ausgemachter Dummkopf, und die wenigen Freunde, die ich hatte, wandten sich von mir ab. Alle glaubten, ich wolle sie belehren, indem ich ihnen ein absurdes Beispiel von Treue gab. Mit dem Finger zeigten sie auf mich, lachten, rissen Zoten, wenn ich an ihren üppigen Hochburgen vorbeiging. Sie gaben mir obszöne Spitznamen, und schließlich fühlte ich mich wie ein Eunuch in einem Paradies der Lüste.

Sofia ihrerseits wurde immer schweigsamer und zurückhaltender. Sie weigerte sich, mit mir auf die Straße zu gehen, um mir Vergleiche zu ersparen. Noch schlimmer aber war, daß sie nur sehr unwillig das Allernotwendigste ihrer ehelichen Pflichten erfüllte. Um die Wahrheit zu sagen, beide waren wir über eine solch ärmliche eheliche Liebe bekümmert.

Ihr Ausdruck von Schuld verletzte mich allerdings am meisten. Sie fühlte sich dafür verantwortlich, daß ich keine Frau wie alle anderen hätte. Vom ersten Moment an war sie der Meinung, daß ihr bescheidenes alltägliches Aussehen nicht in der Lage sei, mich vom Bild der Versuchung, daß ich im Kopfe trüge, loszureißen. Vor der andrängenden Schönheit kämpfte sie sich bis in den letzten Winkel ihres stummen Verdrusses zurück. Umsonst habe ich unsere bescheidenen Ersparnisse dazu verwendet, um ihr Accessoires, Parfums, Juwelen und Kleider zu kaufen.

– Bitte kein Mitleid!

Und sie kehrte allen Geschenken den Rücken zu. Wenn ich mir Mühe gab, sie zu verwöhnen, antwortete sie unter Tränen:

– Nie werde ich dir verzeihen, daß du mich nicht eingetauscht hast!

Und sie gab mir die Schuld an allem. Ich verlor die Geduld und erinnerte mich an jene, die wie ein Leopard aussah. Von ganzem Herzen wünschte ich mir, daß der Händler noch einmal vorbeizöge.

Aber eines Tages fingen die Blonden an, Rost anzusetzen. Die kleine Insel, auf der wir lebten, erlangte den Stellenwert einer Oase, mitten in der Wüste, einer feindlichen Wüste, die von wilden Schreien der Unzufriedenheit erfüllt war. Geblendet auf den ersten Blick, hatten die Männer den Frauen keine wirkliche Beachtung geschenkt. Sie nahmen sie auch nicht näher in Augenschein oder stellten das Metall etwa auf die Probe. Weit davon entfernt, neu zu sein, waren sie aus zweiter, dritter oder Gott weiß aus welcher Hand... Der Händler hatte schlicht einige unumgängliche Reparaturen an ihnen ausführen lassen und überzog sie mit einem so minderwertigen, dünnen Goldbad, daß es nicht die Probe der ersten Regenfälle überstand.

Der erste Mann, dem etwas Merkwürdiges auffiel, tat so, als hätte er nichts bemerkt, der zweite auch. Aber der dritte – er war Apotheker – stellte eines Tages im Duft seiner Frau die charakteristische Ausdünstung von Kupfersulfat fest. Dergestalt aufgeschreckt, unterzog er seine Frau einer eingehenden Prüfung, und als er dabei schwarze Flecken auf dem Körper seiner Gattin fand, lamentierte er laut herum.

Sehr bald traten diese Schönheitsfehler in den Gesichtern aller Frauen auf, als grassiere die Rostseuche unter den Frauen. Die Ehemänner verheimlichten voreinander die Mängel ihrer Frauen, im Stillen aber plagten sie schreckliche Vermutungen über ihre Herkunft. Allmählich kam die Wahrheit an den Tag, und alle wußten, daß sie gefälschte Frauen erhalten hatten.

Der Jungvermählte, der sich von der Welle der Begeisterung bei den Tauschgeschäften hatte forttragen lassen, verfiel in tiefe Niedergeschlagenheit. Die Erinnerung an einen unverfälscht weißen Körper verfolgte ihn, und so gab er bald Zeichen von Geistesverwirrung zu erkennen. Eines Tages schickte er sich an, mit ätzenden Säuren die letzten Goldreste vom Körper seiner Frau zu entfernen, und zurück blieb ein Häufchen Elend, eine wahre Mumie.

Sofia und ich waren bald von Neid und Haß umgeben. Angesichts dieser allgemeinen Haltung hielt ich es für angebracht, Vorsichtsmaßnahmen zu treffen. Sofia dagegen fiel es schwer, ihren Jubel zu verhehlen; sie ging gerne mit ihren besten Kleidern auf die Straße und prahlte inmitten all der Traurigkeit. Statt meinem Verhalten irgendein Verdienst zuzubilligen, dachte Sofia natürlich, daß ich aus purer Feigheit bei ihr geblieben sei, daß mir aber nicht das Verlangen gefehlt habe, sie umzutauschen.

Heute verließ eine Abordnung betrogener Ehemänner das Dorf, um den Händler ausfindig zu machen. Es war wirklich ein trauriges Schauspiel. Die Männer reckten die Fäuste gen Himmel und schworen Rache. Die Frauen gingen in Trauer, schlaff und mit aufgelösten Haaren wie leprakranke Klageweiber. Der einzige, der zu Hause blieb, ist jener Jungverheiratete, für dessen Geisteszustand man Schlimmstes befürchtet. Er bekundet eine besessene Anhänglichkeit und sagt, daß er seiner schwarz angelaufenen Frau, jener, der er selbst mit Schwefelsäure den Rest gegeben hatte, treu bleiben werde, bis daß der Tod sie scheide.

Ich weiß nicht, welches Leben mich an der Seite Sofias – wer möchte entscheiden, ob sie dumm oder klug ist – erwartet. Vorläufig werden ihr Bewunderer fehlen. Wir leben jetzt wirklich auf einer Insel, von Einsamkeit umzingelt. Vor ihrem Fortgang erklärten die Ehemänner, daß sie die Spuren des Schwindlers bis in die Hölle verfolgen würden. Und in der Tat sahen alle bei diesen Worten wie Verurteilte aus.

Sofia ist nicht so dunkelhäutig wie es scheint. Im Licht der Lampe schimmert ihr schlafendes Gesicht, als ob sich aus ihren Träumen leichte, vergoldete Gedanken des Stolzes lösen würden.

Der gute Ruf

Höflichkeit ist nicht meine Stärke. Im Autobus pflege ich diesen Mangel hinter der Lektüre oder durch Abgespanntheit zu vertuschen. Aber heute habe ich einer Frau, die eine vage Ähnlichkeit mit einem Verkündigungsengel hatte, fast automatisch meinen Platz angeboten.

Die Dame, der ich durch diese unfreiwillige Tat einen Gefallen erwiesen hatte, bedankte sich mit so überschwenglichen Worten, daß sie die Aufmerksamkeit von zwei oder drei Fahrgästen auf sich zog. Kurz danach wurde der Platz neben ihr frei, und der Engel machte eine großartige Miene der Erleichterung, als er ihn mir mit einer leichten, bedeutsamen Handbewegung anbot. Ich setzte mich dorthin in der Annahme, daß wir ohne jede Unannehmlichkeit die Fahrt fortsetzen würden.

Aber dieser Tag schien mir auf geheimnisvolle Weise vorbestimmt. Eine andere Frau, ohne sichtbare Flügel, stieg in den Omnibus ein. Eine gute Gelegenheit, die Dinge auf den rechten Platz zu rücken; aber ich ergriff sie nicht beim Schopf. Natürlich hätte ich sitzenbleiben und damit den Keim einer falschen Reputation zerstören können. Aber, schwach wie ich war, und da ich mich meiner Nachbarin gegenüber verpflichtet fühlte, beeilte ich mich aufzustehen und den Platz mit einer Verbeugung der neu Hinzugekommenen anzubieten. Es sah so aus, als hätte ihr in ihrem ganzen Leben niemand eine ähnliche Ehre erwiesen; mit ihren verworrenen Worten des Dankes machte sie die Sache nur noch schlimmer.

Diesmal waren es nicht zwei oder drei Fahrgäste, die mit freundlichem Lächeln meine Höflichkeit guthießen. Der halbe Bus richtete seine Augen auf mich, um mir zu verstehen zu geben: »Endlich ein Kavalier.« Ich trug

mich mit dem Gedanken, den Bus zu verlassen, verwarf ihn aber sofort wieder und ertrug mit Anstand die Situation, wobei ich die Hoffnung nährte, daß es damit nun sein Bewenden hätte.
Zwei Straßen weiter stieg jemand aus. Vom anderen Ende des Busses her bedeutete mir eine Frau, doch den freien Platz einzunehmen. Zwar tat sie es nur mit einem Blick, aber der war so zwingend, daß sie einen Fahrgast, der schon Anstalten gemacht hatte, mir zuvorzukommen, davon abhielt; mir gegenüber war ihr Blick so zärtlich, daß ich mit schwankendem Schritt durch den Gang kam, um auf diesem Sitz einen Ehrenplatz einzunehmen. Einige der stehenden männlichen Fahrgäste grinsten verächtlich. Ich ahnte ihren Neid, ihre Eifersucht, ihren Groll und setzte mich, leicht eingeschüchtert. Die Damen dagegen schienen mich mit ihrer überströmenden, schweigenden Billigung zu schützen.
Eine weitere Prüfung, sehr viel schwerer als die vorausgehenden, wartete an der nächsten Ecke auf mich. Eine Dame mit zwei kleinen Kindern stieg ein. Ein Engelchen hatte sie im Arm und das andere konnte kaum laufen. Einem einhelligen Befehl gehorchend, erhob ich mich sofort und ging dieser rührenden Gruppe entgegen. Mit ihren zwei oder drei Paketen konnte sich die Dame nur mühsam fortbewegen; sie hatte mindestens einen halben Häuserblock weit laufen müssen, und es gelang ihr einfach nicht, ihre große Handtasche zu öffnen. Ich half ihr tatkräftig, so weit ich nur konnte, nahm ihr Kinder und Pakete ab, handelte mit dem Busfahrer die Freifahrt für die Kinder aus, und schließlich konnte die Dame meinen Platz einnehmen, den ihr die weibliche Wachsamkeit von Eindringlingen freigehalten hatte. Ich hielt das Händchen des älteren Kindes fest in meiner Hand.
Meine Verpflichtungen gegenüber den Fahrgästen hatten

sich ganz entschieden gesteigert. Man hielt mich zu allem fähig. Ich war in diesen Momenten die Verkörperung des weiblichen Ideals von Ritterlichkeit und Schutz der Schwachen. Die Verantwortung lastete auf meinem Körper wie eine drückende Rüstung, und so bemerkte ich auch gar nicht einen kräftigen Stoß in meine Rippen. Warum müssen mir immer so schlimme Dinge passieren? Wenn sich beispielsweise ein Fahrgast mit einer Dame angelegt hätte, was ja in Autobussen nicht selten vorkommt, hätte ich den Zudringlichen ermahnen oder gar mit ihm kämpfen müssen! Auf jeden Fall schienen sich die Damen in meiner Gegenwart so sicher zu fühlen wie bei einem Ritter ohne Furcht und Tadel. Ich fühlte ein Drama bevorstehen.

So kamen wir an die Straßenecke, an der ich hätte aussteigen müssen. Von weitem entdeckte ich mein Haus wie ein gelobtes Land. Aber ich stieg nicht aus. Ich war unfähig, mich von der Stelle zu rühren, und als der Autobus wieder anfuhr, dämmerte mir, was eine Ozeanüberquerung wohl für ein Abenteuer sein mochte. Es gelang mir, schnell die Fassung wiederzufinden; ich konnte nicht einfach, mir nichts dir nichts, desertieren und all diejenigen enttäuschen, die auf mich gebaut und mir dadurch Verantwortung übertragen hatten. Außerdem, so muß ich gestehen, hielt mich der Gedanke zurück, daß mein Aussteigen manche bisher zurückgehaltene Impulse freisetzen könne. Wenn ich auch einerseits die Mehrheit der Frauen hinter mir wußte, so kamen mir doch gewisse Zweifel bezüglich meines Ansehens bei den Männern. Beim Aussteigen hätte hinter meinem Rücken leicht Beifall oder Spott ausbrechen können. Ein solches Risiko wollte ich nicht eingehen. Und wenn ein Gedemütigter meine Abwesenheit nutzen und seinen niederen Gefühlen freien Lauf lassen würde? Ich beschloß weiterzufahren und als letzter auszusteigen, an der Endstation, wenn alle in Sicherheit wären.

Die Frauen stiegen überaus glücklich an ihren jeweiligen Haltestellen aus. Der Fahrer – du lieber Himmel – näherte sein Fahrzeug dem Gehsteig, ließ es vollständig zum Stehen kommen und wartete, bis die Damen festen Boden unter ihren Füßen hatten. Im letzten Moment sah ich in ihren Gesichtern einen Ausdruck der Sympathie, etwas wie einen Anflug von zärtlicher Verabschiedung. Die Frau mit den Kindern stieg schließlich aus, wobei ich ihr half, nicht ohne mir ein paar Kinderküsse zu verdienen, die noch immer auf meinem Herzen lasten, wie ein Gewissensbiß.

An einer verlassenen, fast abschüssigen Straßenecke, stieg ich ohne Glanz und Gloria aus. In mir gab es noch große Reserven an brachliegendem Heldenmut, während der Autobus sich entfernte, befreit von der zerstreuten und zufälligen Versammlung, die meinen Ruf als Kavalier festigte.

Corrido

In Zapotlán gibt es einen Platz, den man Amecaplatz nennt, – weiß der Teufel warum. Eine breite, gepflasterte Straße läuft auf eine Wand zu und gabelt sich dann. Dahinter verliert sich das Dorf in Maisfeldern.

Das ist das Amecaplätzchen mit seinen abgeflachten Straßenecken und den Häusern mit den großen Toren. Vor vielen Jahren trafen sich eines Nachmittags hier zwei zufällige Rivalen. Natürlich ging es um ein Mädchen.

Über das Amecaplätzchen fahren zweirädrige Karren. Und die Räder mahlen die Erde in den Schlaglöchern, bis sie ganz ganz fein ist. Ein Steinstaub, der in den Augen brennt, wenn der Wind bläst. Und hier gab es bis vor kurzem einen Hydranten. Ein Wasserrohr, zwei Strohhalme dick, mit einem Bronzehahn und einem Steintrog.

Als erstes kam das Mädchen mit seinem roten Wasserkrug durch die breite Straße, die sich gabelt. Die Rivalen gingen durch Seitenstraßen auf sie zu, ohne zu wissen, daß sie an der Häuserwand aufeinanderprallen würden. Es schien so, als gehorchten sie und das Mädchen, jeder für sich und auf seiner Straße, ihrem Schicksal.

Das Mädchen wollte Wasser holen und öffnete den Hahn. In diesem Moment bemerkten sich die beiden Männer und wußten, daß sie das Gleiche im Auge hatten. Hier endeten die Straßen, durch die sie gekommen waren, und keiner wollte weitergehen. Die Spannung in ihrem Blick wuchs, aber niemand senkte seine Augen.

– Na, mein Freund, was starrst du mich so an?

– Ich gucke immer so.

Es hatte den Anschein, als hätten sie diese Worte gewechselt, ohne den Mund aufzutun. Der Blick sagte alles. Kein ›wie geht's, wie steht's‹. Auf dem Platz, den

die Bewohner wie bewußt mieden, braute sich etwas zusammen.
So wie der Wasserstrahl den Krug füllte, so stieg in ihnen die Lust hoch zu kämpfen. Einzig das Plätschern des Wassers störte die absolute Stille. Das Mädchen drehte den Hahn erst zu, als das Wasser schon überquoll, hob den Krug auf die Schultern und lief erschrocken weg.
Die beiden, die sich in sie verliebt hatten, waren bis aufs Äußerste gespannt, wie zwei Hähne kurz bevor sie losgelassen werden, wenn das Schwarze in ihren Augen sich schon ineinander verkrallt hat. Als das Mädchen seinen Fuß auf den gegenüberliegenden Bürgersteig setzen wollte, stolperte es, und Krug und Wasser stürzten zu Boden.
Das war das ersehnte Zeichen, auf das sie gewartet hatten. Der eine mit einem riesigen Dolch, der andere mit einer Machete, wie sie an der Küste üblich sind. Sie schlugen wild aufeinander ein, wobei sie die Hiebe ein wenig mit dem Sarape abzufangen suchten. Von dem Mädchen blieb nur die Wasserpfütze zurück, und so kämpften die beiden um die Scherben des zerbrochenen Kruges.
Beide waren gute Kerle, und beide wünschten sich zum Teufel. An diesem Nachmittag, der weiterging und stillestand. Beide blieben rücklings liegen, enthauptet der eine, mit gespaltenem Schädel der andere. Wie zwei gute Hähne, von denen nur dem einen ein kläglicher Schnaufer übrigbleibt.
Später, gegen Abend kamen viele Menschen. Die Frauen begannen zu beten, und die Männer, sagt man, wollten Meldung erstatten. Einer der beiden Toten konnte gerade noch etwas sagen: Er fragte, ob es den anderen auch erwischt hätte.
Später erfuhr man, daß es um ein Mädchen gegangen war. Und an ihr, mit dem zerbrochenen Krug, blieb der Ruch

dieser Auseinandersetzung hängen. Sie soll nicht einmal geheiratet haben. Und wäre sie auch bis Jilotlán de los Dolores gelaufen, hätte ihr schlechter Ruf als Männervernichterin sie doch begleitet, wäre vielleicht sogar noch vor ihr dort gewesen.

Bestiarium

Für Arturo González Cosío

Prolog

Liebe deinen unwürdigen und nichtsnutzigen Nächsten. Liebe deinen stinkenden, erbärmlich gekleideten und schmutzstarrenden Nächsten.
Grüße von ganzem Herzen die aufgedunsene, unförmige Preßwurst, die im Namen der Menschlickeit ihr wabbeliges Beglaubigungsschreiben, die tote Fischhand überreicht, während sie dich mit Hundeblick anstarrt.
Liebe deinen säuischen und gockelnden Nächsten, der lüstern zu den fetten Paradiesen des animalischen Beischlafs trottet.
Liebe deine Nächste, die sich unverhofft an deiner Seite verwandelt und, wie eine Kuh im Nachthemd anfängt, unaufhörlich die halbverdauten Brocken der häuslichen Routine wiederzukäuen.

Das Nashorn

Das große Nashorn bleibt stehen. Hebt den Kopf. Geht ein bißchen zurück. Dreht sich im Kreis und verschießt seine Artilleriemunition. Einem Rammbock gleich stürmt es, ein gepanzerter, einhörniger Stier, wütend und kurzsichtig, mit dem blinden Eifer eines Positivisten los. Nie trifft es ins Schwarze, ist aber immer mit seiner Kraft zufrieden. Dann öffnet es seine Sicherheitsventile und schnaubt mit Volldampf.

(Da die Nashörner eine übermäßige Panzerung mit sich herumschleppen, liefern sie sich, wenn sie brünstig sind, auf den Waldlichtungen ein Turnier, dem es ganz und gar an Anmut und Geschicklichkeit fehlt, und in dem es nur auf den mittelalterlichen Wert des Zusammenpralls ankommt.)

In der Gefangenschaft ist das Nashorn dann ein trauriges, vor sich hinrostendes Tier. Sein aus vielen Einzelteilen bestehender Körper wurde in den Felsstürzen der Frühgeschichte zusammengesetzt, mit Lederplättchen, die unter dem Druck geologischer Schichten gestanzt wurden. Aber zu einer bestimmten Morgenstunde setzt uns das Nashorn in Erstaunen: Aus seinen mageren, spindeldürren Weichen quillt, wie Wasser aus einer Felsspalte, das große Organ eines übersprudelnden, mächtigen Lebens, das an seiner Spitze mit orchideen-, speer- oder hellebardenartigen Variationen das Motiv des gehörnten Tierkopfes wiederholt.

Ehren wir also dieses hartgesottene, schwer begreifbare Tier, weil es Gegenstand einer herrlichen Legende geworden ist. So unwahrscheinlich es sein mag, so ist dieser einfach strukturierte Athlet doch der geistige Vater jenes poetischen Geschöpfes, das auf den Wandteppichen der Dame das Thema des ritterlichen und galanten Einhorns entfaltet.

Von der klugen Jungfrau besiegt, verwandelt sich das beleibte Nashorn, gibt sein Ungestüm auf und wird Gazelle, wird Hirsch, und kniet nieder. Und aus dem stumpfen Horn männlicher Agressivität wird vor dem Mägdelein ein zartes, wehmütiges Lied aus Elfenbein.

Die Kröte

Manchmal springt sie nur, um sich von ihrer radikal statischen Natur zu überzeugen. Der Sprung ähnelt ein wenig dem Herzschlag: Genau genommen ist die Kröte nur Herz.
In einem Klumpen von kaltem Morast gefangen, taucht die Kröte in den Winter ab wie eine erbärmliche Schmetterlingspuppe. Im Frühling erwacht sie, wohlwissend, daß keine Verwandlung mit ihr stattgefunden hat. Tief ausgetrocknet ist sie jetzt mehr Kröte denn je. Reglos erwartet sie die ersten Regenfälle.
Und eines schönen Tages verläßt sie die weiche Erde, schwer von Feuchtigkeit und aufgequollen von rachegierigem Saft, wie ein Herz, das man in den Dreck geworfen hat. In ihrer Sphinxhaltung verbirgt sich eine geheime Aufforderung zur Veränderung, und mit Verblüffung stellen wir fest, daß uns die Häßlichkeit der Kröte den Spiegel vorhält.

Raubvögel

Ist das ein niedergerissener Waffensaal oder eine entweihte Mönchszelle? Was ist los mit den Herren des freien Willens?

Ihretwegen haben die stolze Höhe und die prächtige Ferne plötzlich die Ausmaße eines bescheidenen Hühnerhofs angenommen, eines Drahtkäfigs, der ihnen die ungehinderte Betrachtung des Himmels durch sein Blechdach verwehrt.

Alle, Falken, Adler und Geier, überfliegen wie schweigsame Mönche ihr langweiliges Brevier, während das elende tägliche Einerlei ihnen ein Bild aus Abfällen und weichen Eingeweiden beschert: Trauerkost für ihre reißenden Schnäbel.

Mit der Freiheit zwischen Gipfeln und Wolken, mit dem weiten Kreisen und dem Jagen aus der Höhe ist es für immer vorbei; vergeblich entwickeln sich Steuer- und Schwanzfedern, die Schnäbel wachsen, schärfen und krümmen sich in Gefangenschaft ohne Abnutzung, wie die rachsüchtigen Gedanken eines heruntergekommenden Granden.

Aber alle Falken, Adler und Geier streiten sich in ihren Käfigen unaufhörlich um das Ansehen ihrer gemeinsamen Raubvogelherkunft. (Es gibt einäugige Adler und gerupfte Sperber).

Unter all den Wappentieren ragt das reine Weiß des König Zopilote am meisten hervor, wenn er seine Flügel, wie Hermelinfelle, auf azurblauem Feld über das Aas breitet und einen aus Gold getriebenen und mit Edelsteinen besetzten Kopf zur Schau stellt.

Da die Raubvögel auf eine dogmatische Aristokratie eingeschworen sind, halten sie bis zum untersten Rang am Protokoll ihrer Hackordnung fest. Sie nehmen ihre nächtlichen Sitzplätze nach streng hierarchischen Regeln ein. Und die Großen von oben verletzen einer nach dem anderen das Wappenfeld der Daruntersitzenden.

Der Vogel Strauß

Mit gerupftem Schrei, wie eine weltliche Orgelpfeife, so verkündet der Hals des Vogels Strauß in alle vier Himmelsrichtungen die radikale Nacktheit des herausgeputzten Fleisches. (Da es ihm in einem unvorstellbaren Maße an Verstand mangelt, vollführt er anschließend mit seinem ganzen Körper eine Reihe von frechen Variationen zum Thema Scham und Unverschämtheit.)

Er sieht wie ein Huhn aus, nein, wie ein gigantisches Hühnchen in Windeln. Ohne Zweifel das beste Beispiel für den kürzesten Rock und das tiefste Dekolleté. Obwohl er immer nur halb angezogen ist, stellt der Vogel Strauß seine Fetzen mit ganz überflüssigem Pomp zur Schau; und er ist nur scheinbar unmodern. Wenn seine Federn auch »nicht mehr getragen werden«, so bedeckt die elegante Damenwelt ihre Dürftigkeit doch sehr gern mit den Tugenden und dem Flitterkram des Vogels Strauß: Des Vogels, der sich herausputzt, der aber immer seine intimste Häßlichkeit unbedeckt läßt. Im Ernstfall schließen sie immerhin die Augen vor dem, was kommt, wenn sie nicht den Kopf in den Sand stecken. Mit einer Unverfrorenheit ohnegleichen sind sie mit leichtfertigem Urteil zur Stelle und verschlingen sowieso alles, was sich ihren Blicken bietet, wobei sie den Verzehr ganz dem Zufall einer guten Verdauungsmentalität überlassen.

Mit seiner Arroganz und Sinnlichkeit ist der Vogel Strauß die beste Verkörperung der gescheiterten Anmut, bewegt sich immer frech in einem einladenden Totentanz. Es kann uns nicht überraschen, daß die erfahrenen Richter des Heiligen Offiziums sich den Zeitvertreib oder Spott ausdachten, schamlose Frauen in Federn zu hüllen und nackt auf den Marktplatz zu treiben.

Insektenleben

Wir gehören zu einer bedauernswerten Art von Insekten, die in der Führungsspitze von kräftigen, blutrünstigen und äußerst seltenen Weibchen beherrscht werden. Auf jedes von ihnen entfallen zwanzig schwächliche, kränkelnde Männchen.

Wir leben ständig auf der Flucht. Die Weibchen sind hinter uns her, und wir überlassen das gesamte Fressen aus Sicherheitsgründen ihren unersättlichen Kiefern.

Die Zeit des Schwärmens stellt die Dinge aber auf den Kopf. Die Weibchen sondern einen unwiderstehlichen Duft ab. Kopflos folgen wir ihnen bis in den sicheren Tod. Hinter jedem duftenden Weibchen fliegt eine Reihe von bettelnden Männchen her.

Das Schauspiel beginnt, wenn das Weibchen eine genügende Anzahl von Bewerbern hinter sich weiß. Einer nach dem anderen springen wir es an. Mit schneller Bewegung weicht es dem Angriff aus und zerstückelt den Liebhaber. Während es noch damit beschäftigt ist, ihn zu verschlingen, stürzt schon der nächste Anwärter herbei.

Und so geht es weiter bis zum Schluß. Die Vereinigung findet mit dem letzten Überlebenden statt, wenn das Weibchen schon ermüdet und ziemlich gelangweilt ist und kaum noch die Kraft besitzt, das Männchen, das beim Bespringen nur an seinen Genuß denkt, zu enthaupten.

Lange Zeit verweilt es schläfrig und in Siegerpose auf dem Felde seines erotischen Beutezugs. Dann hängt es am erstbesten Baum einen prallen Eiersack auf. Aus ihm werden wieder eine Unzahl von Opfern geboren, mit ihrer todsicheren Mannschaft von Henkern.

Der Uhu

Bevor er seine Beute verschlingt, hat er sie schon im Geiste vorverdaut. Niemals macht er sich über eine ganze Maus her, ohne sich vorher von jedem einzelnen ihrer Teile einen Begriff gemacht zu haben. Die Gegenwart des Leckerbissens, der in seinen Krallen zuckt, wechselt in seinem Bewußtsein langsam in die Vergangenheit über und nimmt so die analytische Tätigkeit eines langsamen Verdauungsgeschehens vorweg. Wir haben es hier mit einem Fall tiefempfundener, bewußter Aneignung zu tun.
Durch das scharfe Eindringen seiner Krallen nimmt der Uhu sein Objekt direkt wahr und entwickelt so seine eigenwillige Theorie der Erkenntnis. Das *Ding an sich* (Nagetier, Kriechtier oder Vogel) gibt sich ihm irgendwie hin. Vielleicht mit Hilfe eines unsichtbaren Klauenhiebs einer momentanen Eingebung; vielleicht auch dank einer logischen Wartezeit, denn wir stellen uns den Uhu doch immer unbeweglich vor, in sich gekehrt und den Jagdgelüsten wie Verfolgen und Fangen wenig zugetan. Wer kann versichern, daß es für fähige Geschöpfe keine Schattenlabyrinthe, keine dunklen Syllogismen gibt, die nach dem kurzen Zuschnappen des Schnabels im Nichts münden? Den Uhu verstehen, heißt, diese Prämisse zu akzeptieren.
Harmonisches Kapitell aus gemusterten Federn, das eine griechische Metapher abstützt; unheilvolle Schattenuhr, die in der Seele die Stunde des mittelalterlichen Hexenwahns anzeigt: Das ist das janusköpfige Bild des Vogels, der gegen Abend seinen Flug aufnimmt und die beste Vignette für die Bücher der abendländischen Philosophie ist.

Der Elefant

Er kommt aus der Tiefe der Zeiten und ist, eingewickelt in seine Segeltuchplane, das letzte auf der Erde lebende Modell einer schwerfälligen Maschine. Er wirkt kolossal, weil er aus reinen, lebenden Zellen gebaut und mit Intelligenz und Gedächtnis ausgestattet ist. In seiner massigen Körperlichkeit funktionieren die fünf Sinne wie Präzisionsgeräte, denen nichts entgeht. Zwar sind sie heute wegen ihres ererbten hohen Alters von Geburt an unbehaart, aber das sibirische Eis hat einige wollhaarige Exemplare freigegeben. Vor wieviel Jahren haben die Elefanten wohl ihre Behaarung verloren? Statt nachzurechnen, gehen wir doch alle in den Zirkus und spielen, wir seien die Enkel des Elefanten, dieses kindlichen Großvaters, der jetzt zum Takt einer Polka hin und her schwankt . . .

Nein. Sprechen wir besser vom Elfenbein. Diese edle, harte und ebenmäßige Substanz drücken die Dickhäuter auf geheimnisvolle Weise mit dem ganzen Gewicht ihres Körpers heraus, gewissermaßen als stofflichen Ausdruck ihres Denkens. Jenes Elfenbein, das aus dem Kopf tritt und im freien Raum zwei gebogene, helle Stalaktiten beschreibt. In sie hat die geduldige Phantasie der Chinesen alle bildhaften Träume des Elefanten geschnitzt.

Maulwürfe

Nach langjähriger Erfahrung kamen die Bauern zu dem Schluß, daß das Loch die einzig wirksame Waffe gegen Maulwürfe ist. Man muß den Feind mit seinen eigenen Waffen schlagen.

Im Kampf gegen den Maulwurf verwendet man jetzt Löcher, die bis ins vulkanische Zentrum der Erde reichen. Zu Dutzenden fallen die Maulwürfe in diese Röhren, und es ist wohl nicht nötig hinzuzufügen, daß sie darin ganz unweigerlich verkohlen.

Solche Löcher sehen völlig harmlos aus. Da Maulwürfe aber kurzsichtig sind, verwechseln sie sie sehr leicht. Besser gesagt bevorzugen sie sie sogar, wie von tiefer Anziehung geleitet. Man kann beobachten, wie sie sich in feierlicher Reihe auf einen schrecklichen Tod hinbewegen, der ihre angestammten Gewohnheiten für eine vertikale Lösung nutzt.

Kürzlich hat man bewiesen, daß ein Loch für sechs Hektar maulwurfverseuchter Fläche ausreicht.

Camelidae

Das Fell des Lamas ist von nicht greifbarer Weichheit, aber seine dünne Mähne hat ihre schnittige Form vom harten Wind der Berge erhalten, wo es sich mit Arroganz bewegt, den zarten Hals nach oben gerichtet, damit seine Augen sich mit Ferne füllen und seine feine Nase, die es noch höher trägt, das letzte Konzentrat der dünnen Luft einatmet.

Auf Meereshöhe und mit einer brennendheißen Oberfläche in Berührung, erscheint das Kamel wie eine kleine Asbestgondel, die langsam auf vier Füßen durch die Sanddünung rudert, während der Wüstenwind am festen Segelwerk seiner Höcker zurrt.

Für den Dürstenden bewahrt das Kamel in seinen zerklüfteten Innereien die letzte Feuchtigkeitsader auf; dem Einsamen gaukelt das plüschartige, runde, weibliche Lama den Gang und die Anmut einer illusorischen Frau vor.

Die Boa

Die Absicht der Boa ist so irrational, daß sie das Kaninchen sofort verführt, noch bevor es seine Einwilligung geben kann. Kaum daß eine vorhergehende Massage und ein Geschmeidigmachen der Oberfläche mit Speichel nötig wären.

Der Schlingvorgang beginnt ganz einfach, und das Kaninchen überläßt sich ohne zu zappeln dem Erstikkungstod. Der Kopf und die Vorderläufe verschwinden. Schon halb verschlungen überkommt es die Angst, für immer eingeschlossen zu werden. In den letzten Momenten seines Lebens kommt das Kaninchen der Boa zu Hilfe, indem es nach vorne will und nach vorne gestoßen im Tunnel der Rippen verschwindet, wobei das Todesröcheln allmählich abnimmt.

Dann begreift die Boa, daß sie ein Bündel schwerer Verantwortung übernommen hat und beginnt den Verdauungskampf, den eigentlichen Kampf mit dem Kaninchen. Mit überreichlichen Absonderungen an Magensäften legt sie Schicht um Schicht wie einen Balsam um das Kaninchen und greift es von der Peripherie her an. Das Fell, die Haut, das Gewebe und die Innereien werden auf dem langen Weg durch den Magen bearbeitet und aufgelöst. Das Skelett wird schließlich durch Kontraktionen und seitliche Schläge einer Brech- und Zermalmungsprozedur unterzogen.

Die siegreiche Boa, die eine lange Reihe von Vergiftungen überlebt hat, scheidet nach einigen Wochen die letzten Erinnerungen an das Kaninchen in Form von kleinen, sehr sorgfältig geputzten Knöchelchen aus.

Die Giraffe

Als Gott merkte, daß er die Früchte ihres Lieblingsbaumes zu hoch gehängt hatte, blieb ihm nichts anderes übrig, als den Hals der Giraffe zu verlängern.
Als Vierfüßler mit luftigem Kopf wollten die Giraffen über ihre körperliche Beschaffenheit hinauswachsen und betraten damit endgültig das Reich der Disproportionen. Für sie mußte man einige biologische Probleme lösen, die eigentlich eher in den Bereich der Ingenieurwissenschaften und der Mechanik gehören: Ein Nervensystem von zwölf Metern Länge; Blut, das gegen die Schwerkraftgesetze vom Herzen wie von einer tiefen Brunnenpumpe nach oben geholt wird; und außerdem, in diesen Höhen, eine hervorschnellbare Zunge, die die Reichweite der Lippen noch um zwanzig Zentimeter übertrifft, und die sie wie eine Stahlfeile benutzen kann, um die Schößlinge abzunagen.
Mit all ihrem Überfluß an Technik, der ihre Gangart und ihre Liebesspiele außerordentlich kompliziert, repräsentiert die Giraffe, besser als jedes andere Geschöpf, die eitlen Grillen des Geistes: Sie sucht in der Höhe das, was andere auf dem Boden finden.
Aber da sie sich doch manchmal auch bücken muß, um ganz gewöhnliches Wasser zu trinken, sieht sie sich gezwungen, eine Akrobatik in umgekehrter Richtung zu vollführen. Und dann begibt sie sich auf das Niveau der Esel.

Das Flußpferd

Das Flußpferd ist von der Natur schon in Pension geschickt worden, und da es an Sümpfen für seine Ausmaße fehlt, versinkt es im Überdruß.

Als biologischer Potentat weiß es nicht, was es neben dem Vogel, der Blume oder der Gazelle tun soll. Es langweilt sich unsäglich und liegt schläfrig am Ufer seines Tümpels wie ein Betrunkener neben seinem leeren Becher, eingehüllt in seinen übergroßen Regenmantel.

Einem aufblasbaren Ochsen gleich träumt es davon, noch einmal die stillen Unterwasserwiesen abzugrasen und sein Tonnengewicht friedlich zwischen Seerosen treiben zu lassen. Von Zeit zu Zeit bewegt es sich und schnaubt, aber dann überläßt es sich wieder der Faszination seiner Starre. Wenn es gähnt, trauern die unförmigen Kinnbakken und verschlingen große Abschnitte vertaner Zeit.

Was soll man mit dem Flußpferd machen, das man nur als Bagger und Planierwalze in Sumpfgebieten einsetzen kann oder als Briefbeschwerer der Geschichte? Diese Masse vorzeitlicher Tonerde läßt den Wunsch aufkommen, eine Wolke von Vögeln, oder ein Heer von Mäusen, die sie im Wald verteilen, oder aber zwei bis drei mittelgroße, nützliche Haustiere daraus zu modellieren. Aber nein, das Flußpferd ist wie es ist, und pflanzt sich auch so fort. Neben der hypnotisierenden Zärtlichkeit des Weibchens ruht ein rosarotes, unförmiges Junges.

Abschließend müssen wir nur noch über den Schwanz des Flußpferds sprechen, diesem liebenswerten und fast lieblichem Detail, das sich als einzig möglicher Griff anbietet; von diesem dicken und abgeflachten Stummelschwanz, der wie ein Türklopfer oder wie der Schwengel einer großen Glocke nach unten hängt. Außerdem ist er mit feinem seitlichen Roßhaar verziert: eine prächtige Quaste zwischen dem Doppelvorhang der runden, majestätischen Hinterbacken.

Das Axolotl

Was das Axolotl betrifft, so kann ich mich nur auf zwei vertrauenswürdige Quellen berufen: Auf den Autor der *Allgemeinen Geschichte der Angelegenheiten Neuspaniens* und auf meine Mutter.

»Simillima mulieribus!«, entfuhr es dem aufmerksamen Mönch, als er die entsprechenden Stellen an dem winzigen Körper dieser kleinen Sirene der mexikanischen Gewässer genauer untersuchte.

Kleine Eidechse aus Gallertmasse. Großer Wurm mit abgeflachtem Schwanz und Ohren wie ein Korallenpolyp. Mit seinen hübschen rubinroten Augen ist der Axolotl ein *Lingam* von durchsichtiger Anspielung auf das Geschlechtsorgan. Und das in einem Maße, daß die Frauen nicht, ohne auf der Hut zu sein, in Gewässern baden dürfen, in denen diese nicht wahrnehmbaren, durchsichtigen Tierchen schwimmen. (In einem Nachbardorf hat meine Mutter einmal eine Frau behandelt, die von todbringenden Axolotln schwanger geworden war.)

Und noch einmal Bernardino de Sahagún: » . . . und ist von zartem Fleisch, viel zarter noch als der Kapaun, und kann als Fastenspeise dienen. Aber er beeinflußt die Körpersäfte und ist schlecht für die Enthaltsamkeit. Die Alten, die gebratene Axolotl aßen, erzählten mir, daß diese Fische auf eine adlige Dame zurückgehen, die gerade ihre Regel hatte und die ein Herr aus einem anderen Ort vergewaltigt hatte; und da sie keine Nachkommenschaft von ihm wollte, wusch sie sich in dem kleinen See, der den Namen Axoltitla trägt, und von daher kommen die Axolotl.«

Mir bleibt nur noch hinzuzufügen, daß Nemilov und Jean Rostand sich darauf einigten, daß das weibliche

Axolotl das vierte Tier im ganzen Reich der Lebewesen darstellt, das den Zyklus biologischer Katastrophen mehr oder weniger menstrual erfährt.
Die anderen drei sind das Weibchen der Fledermaus, die Frau und das Weibchen einer gewissen Menschenaffenrasse.

Die Affen

Wolfgang Köhler vertat fünf Jahre in Tetuan mit dem Versuch, einen Schimpansen das Denken zu lehren. Als typischer Deutscher stellte er ihm eine ganze Reihe von geistigen Fallen. Er zwang ihn, den Ausgang aus komplizierten Labyrinthen zu finden; er setzte nur schwer über Treppen, Türen, Stangen und Stöcke erreichbare Süßigkeiten als Belohnung aus; nach solchem Training galt Momo als der intelligenteste Affe der Welt; aber seiner Rasse treu, nahm er die gesamte Freizeit des Psychologen in Anspruch und erhielt seine Freßrationen, ohne die Schwelle zum Bewußtsein jemals zu überschreiten. Man bot ihm wieder die Freiheit an, aber er wollte lieber im Käfig bleiben.

Schon vor vielen tausend Jahren (wie viele wohl?) haben die Affen eine Entscheidung über ihr Schicksal getroffen und sich der Versuchung wiedersetzt, Mensch zu werden. Sie gingen der Sache mit der Vernunft nicht auf den Leim und leben bis heute im Paradies: Zur Karikatur geworden, obszön und frei auf ihre Art. Im Zoo sehen wir sie wie ein beklemmendes Spiegelbild: Sie betrachten uns mit Spott und Mitleid, weil wir immer noch ihr animalisches Verhalten beobachten.

Angekettet an eine unsichtbare Abhängigkeit tanzen wir wie das Äffchen auf dem Leierkasten nach dem Ton, den sie angeben. Vergeblich suchen wir Ausgänge aus dem Labyrinth, in das wir gerieten, und der Verstand scheitert, wenn er unerreichbarer metaphysischer Früchte habhaft werden will.

Das ausgedehnte Zwiegespräch zwischen Momo und Wolfgang Köhler hat für alle Zeiten jegliche Hoffnung begraben, und auch dieser Versuch endete mit einem

melancholischen Abschied, der nach Mißerfolg schmeckt.
(Der *homo sapiens* ging an seine deutsche Universität zurück, um die berühmte Abhandlung über die Intelligenz der Anthropoiden zu schreiben, die ihm zu Ruhm und Reichtum verhalf, während Momo für immer in Tetuan blieb, wo ihm eine Leibrente gewährt wurde: Früchte in seiner Reichweite, so viel er wollte.

Cantos de mal Dolor

Bisweilen denke ich, es sei nichts dahinter. Allein da ist nur allzuviel. Er bedrängt mich, er lastet auf mir; ich sehe in ihm unbändige Kraft, durch unergründliche Arglist gesteigert. Dies Unergründliche vor allem hasse ich; und sei der Weiße Wal mein Feind selber, sei er meines Feindes Werkzeug – ich will meinen Haß rasen lassen über ihn. Moby Dick, XXXVI

Loco Dolente

Allen, die es angeht, sei hiermit kundgetan, daß die Suche aufgegeben wurde. Auf einstimmigen und endgültigen Beschluß hin hat das Komitee alle weiteren Aktivitäten, die zum Fund führen sollten, eingestellt und zwar, nachdem die letzten Gefühlsbrigaden sich für immer im ›Wald der Mißverständnisse‹ zwischen den rosaroten Seiten des Trivialromans und der Sargassosee verloren hatten. Ein Lächeln, ein Paar Augen und ein Duft, die bald hier, bald dort vorbeizogen, sind endgültig ins Massengrab geworfen worden.

Statt sie, wie früher, mit Wohlwollen, Lautenmusik und all der anderen Fuchsschwänzelei zu empfangen, ist es der feste Vorsatz des Komitees, alle Lügnerinnen wegen Fälschung der Personalien vor Gericht zu stellen, und von jetzt an alle Psychiater, Schönheitschirurgen und was es da sonst noch so an Berufen gibt, die bei dieser Betrügerei ihre Hand im Spiel haben, mit dem Bann zu belegen.

Andererseits gilt der aufrichtigste Dank all jenen Persönlichkeiten der Vergangenheit, die sich bemühten, guten Glaubens die Suche zu erleichtern oder sie arglistig zu erschweren, indem sie falsche Fährten legten und die Vorspiegelung falscher Tatsachen begünstigten. Ganz ausdrücklich möchte ich hier die Herren Otto Weininger, Paul Claudel und Rainer Maria Rilke nennen, weil sie mit wahrhaft freundschaftlichem Eifer bemüht waren, dem Komitee Mühen und Umwege zu ersparen, und ihm einen ganzen Schatz an Sachkenntnis sowie ihren unschätzbaren Rat zur Verfügung stellten. Ihnen und anderen unbedeutenderen Liebhabern gilt der herzlichste Dank.

Das Komitee unterbricht die Suche, aber es löst sich nicht auf. Indem es seine traditionelle Romantik über Bord wirft, begibt es sich auf sein kommerzielles Terrain, und künftighin wird es sich mit der Publikation von Briefwechseln, von Berichten, Tagebüchern, Logbüchern, von der Hölle der Verliebten, der Blumensprache, von Landkarten und Gezeitenkarten beschäftigen, sowie mit der Herstellung von Amuletten, Anstecknadeln, Wünschelruten, Kompassen, Geduldsspielen, Rechenmaschinen, Zaubertränken, Geigerzählern, Seismographen, Magneten, Teleskopen und Mikroskopen, zum Gebrauch all jener, die noch heutzutage mit eifriger Besessenheit eine illusorische Ergänzung suchen.

Um sein Werk der Reue und Zerknirschung zu krönen, hat sich das Komitee vorgenommen, alle Einnahmen für den Bau eines großartigen Zonöbiums oder Zenotaphen zu Ehren der unbekannten Person auszugeben, ein Grabmal, das sich wahrscheinlich in ein Heiligtum für die Pilger und Touristen verwandeln wird, die in andächtiger Zurückgezogenheit die tiefe Einsamkeit ihrer Verkrampfungen redlich auf sich nehmen.

In dem Maße, wie die literarischen und archäologischen Anklänge es gestatten und wie es der Zufluß der Finanzmittel erlaubt, wird das Grabmal, eingebettet in ein Labyrinth aus Kanälen und Gärten, möglichst genauso aussehen wie das Grab von König Mausolos.

Casus Conscientiae

Dein vergossenes Blut schreit nach Rache. Aber in meiner Wüste ist kein Platz mehr für Luftspiegelungen. Ich bin ein Wahnsinniger. Alles, was mir jetzt im wachen Zustand oder im Traum passiert, löst sich auf und verändert sich im Dämmerschein, den die Lampe in der Praxis des Psychoanalytikers verbreitet.

Ich bin der wirkliche Mörder. Der andere ist schon hinter Schloß und Riegel und kommt in den Genuß aller Ehren der Justiz, während ich mich schiffbrüchig in Freiheit befinde.

Der Psychoanalytiker erzählt mir zum Trost alte Geschichten von Justizirrtümern. Zum Beispiel die, daß Kain nicht schuldig sei. Abel sei unter der Last seines Ödipuskomplexes gestorben, und der mutmaßliche Mörder hätte den Kieferknochen des Esels mit den rätselhaften Worten an sich genommen: »Bin ich vielleicht das Über-Ich meines Bruders?« Auf diese Weise rechtfertigte er das uralte Eifersuchtsdrama in der Familie, in dem noch viele Kindheitserinnerungen nachklingen, und das die Bibel in der simplen Absicht verschleiert, den Scharfsinn der Erforscher des Unterbewußten zu schulen. Für sie sind wir nämlich alle Abbilder Abels und Kains, die auf irgendeine Weise ihre Schuld austauschen und verheimlichen.

Aber ich gebe mich nicht geschlagen. Ich kann meine Unterlassungssünde nicht sühnen, und mein Gewissen verfolgt mich mit scharfer und funkelnder Klinge: Das Mordinstrument kam buchstäblich von Generation zu Generation auf mich. Und so habe auch nicht ich dein Blut vergossen.

Kalenda Maya

A Midsummer Night's Dream

In unendlich langen, dunklen Gewölben schlummern die Mädchen aneinandergereiht wie Champagnerflaschen. Die unheilbringenden Engel der Träume lassen ihren Blick noch einmal schweigend über ihnen kreisen. Die naschsüchtigen Weinprüfer kosten eine nach der anderen die unreifen Seelen, fügen ein paar Tropfen Alkohol, bitteren Aloesaft oder einige Körnchen Zucker hinzu. Und so entwickeln sie sich allmählich zu Trockenen, Halbtrockenen oder Süßen, und eines Tages prickeln sie alle und sind heiratsfähig. Die Ungestümsten erhalten einen Korkenverschluß mit Draht, um in der Nacht, wenn es losgeht, die Unvorbereiteten zu überraschen.

Dann folgt die Promiskuität der Trinksprüche, so wie die Jahrgänge auf den Markt kommen. Die Liebe muß man teilen, denn sie ist ein krankhafter Gärungsprozeß, steigt schnell zu Kopf, und niemand kann eine ganze Frau auskosten. Kalenda maya! Das Fest geht weiter, während die leeren Flaschen über den Boden rollen.

Gewiß, das Fest geht an der Oberfläche weiter. Aber dort unten, in der Tiefe des Kellers, träumen die Mädchen unheilvolle Allegorien, die ihnen bösartige Geister einblasen. Schweigende Trainer bereiten sie mit wohlplazierten Massagen vor und weihen sie in schlüpfrige Spiele ein. Vor allem aber schnüren sie ihnen die Brust bis zum Ersticken zu, damit sie das Gewicht der Männer ertragen können, und dann geht die Komödie weiter, der Alptraum vom finsteren Schwan.

Johann Jakob Bachofen gewidmet

Divina Psiquis, dulce mariposa invisible.
R. D.

Überwältigt von den Muttergottheiten, die ihn tellurisch unter sumpfigen Brüsten zu ersticken drohten, machte der Mann einen Schritt aufs Festland und wies den Frauen für immer ihren Platz zu. Für immer?
Der Pithekanthropus begann, sich langsam immer mehr aufzurichten, schwankte auf zwei Füßen wie ein Kind, wie ein Betrunkener unserer Tage. Ganz allmählich klärte sich sein Kopf und Schritt für Schritt legte er den Weg zum begrifflichen Denken zurück. Sie dagegen brauchte noch lange Zeit, bis sie den aufrechten Gang annahm, besonders aus Gründen der Schwangerschaft und der Brüste wegen. Zwischenzeitlich büßte sie ihre Gestalt, die Kraft und die Entwicklung ihres Schädels ein.
Der Troglodyt erweiterte sein Weltbild, indem er sich jedesmal weiter von seiner feuchten Höhle entfernte und die eintönige, vegetarische Kost verschmähte. Dennoch kam er bei Anbruch der Dämmerung von seinen Streifzügen zurück, und sozusagen als Entschuldigung gab er seine kleine Jagd- und Fischfangtrophäen, sowie Spielzeug für die Kinder ab. Da er manchmal mit leeren Händen und trunken von Abenteuern und Nachsinnen nach Hause kam, hat sein Geist, angesichts der fordernden und unzufriedenen Grunzlaute, das Mittel des sich widersetzenden Daumens entwickelt, Ursprung aller Techniken, indem man die typische Handbewegung macht, die als Zeichen der Beleidigung bis auf uns gekommen ist; die Feige, die Santa Teresa und Góngora so sehr schätzten.

Zwischen diesem Abschnitt und dem vorausgehenden liegt eine Zeitspanne, eine historische Lücke, die nur sehr schwer zu füllen ist, weil Archäologen und Anthropologen sich nicht einig werden konnten und bei ihren Jahrtausenden sehr voneinander abweichen. Sagen wir es etwas vornehmer: Es handelt sich um den Zeitabschnitt, der den Speckstein, die Ammonshörnchen und die Findlinge des Menschen von Aurignac von den farbigen Skulpturen des Künstlers von Tel El Amarna trennt.
Schon beherrschte der Mensch seine Sprache und befand sich mitten in der phantastischen Literatur, da begrub er für immer die Venus von Willendorf in seinem Gedächtnis. Er ließ die unterwürfige Eva aus seiner Rippe entstehen und war so im neurotischen Traum Adams der Vater seiner Mutter.
Für immer? Moment mal! Wir befinden uns noch mitten im Quartär. Die dickschenklige Frau kann ihren Groll nicht länger verbergen. Heute bewegt sie sich frei und ungebunden durch die Straßen; die höfische Liebe hat sie zum Ideal erhoben, der Marienkult hat ihr den Heiligenschein verliehen; trunken vor Stolz, Jungfrau, Mutter und Hure, ist sie immer bereit, den süßen unsichtbaren Schmetterling zu fangen und ihn noch einmal in die abgelegene Höhle ihrer Känguruhtasche zu versenken.

Remedios Varo gewidmet

Obwohl sich die Kirche von der Sankt-Georgs-Legende distanziert hat – heute geht sie ausschließlich zu Lasten von Jakobus de Voragine – fehlt es nicht an Helden, die bereit sind, die Prinzessin zu retten.
Es gibt einen exemplarischen Fall. Die unschuldige Jungfrau sollte gerade von einem Ungeheuer verschlungen werden, das wie ein Drache aussah, dessen Zunge Blitze sprühte, und das eine glitzernde Weste trug. Statt zum Schwert zu greifen, bewahrte der Edelmann Distanz und wandte das Unrecht auf einfallsreiche Weise ab. Er stellte sich vor den Drachen, doch wohlgemerkt so, daß die Jungfrau in der Mitte zu stehen kam, gleichweit von beiden entfernt. Als sie nun den verhängnisvollen Schritt hin zur mythologischen Bestie machen wollte, wobei ihr eine Gruppe von Opferdienern half, da schleppte der Jüngling die Unentschlossene zum Fledermausnest, wo er sofort den Preis seiner Ruhmestat in Empfang nahm, was solche Helden ja zu tun pflegen (ausgenommen natürlich Sankt Georg, obwohl – wie wir schon gesehen haben – sein Abenteuer apokryph ist).
Böse Zungen wollen wissen, daß der jugendliche Protagonist unserer Geschichte einem Gemälde des Remedios entwischte, und daß er das Verhalten eines Vampirs zeigt, damit beschäftigt, der Prinzessin das Blut auszusaugen: Einem Schmetterling, den er vor dem Feuertod bewahrte.

Mitteilung

Yo acariciaba las estatuas rotas . . .
C. P.

Der Schlag war so heftig, daß ich mich an die Geschichte festklammern mußte, um nicht zu fallen. Ohne daß ich etwas dafür gekonnt hätte, sah ich mich als räudiger Marat in der Badewanne Charlotte Corday gegenüber.
Ich habe den Boden unter den Füßen verloren, und meine durcheinander geratene Erinnerung zeigt mich nur in ganz schändlichen Situationen. Margarete von Burgund läßt mich in einem Sack in die Seine werfen, Teodora auf einer Pferderennbahn enthaupten, Coatlicue erstickt mich unter ihrem Rock aus Schlangen . . . Am Fuße eines Baumes bietet mir jemand eine vergiftete Frucht an. Blind vor Wut habe ich die Säulen des Samson über einer Menge geiler Philisterinnen umgestürzt (Gott sei Dank trage ich immer lange Haare – man weiß ja nie).
Ein ganzer Aufmarsch illustrer Hahnreis ging mir durch den Kopf, und unter allen wählte ich Urias, den Hethiter, aus. Tapfer stellte ich mich an seine Seite in die erste Schlachtreihe, während David mit Bethsabe schlief. Totgeweiht gaben wir uns die Hand.
Schließlich suchte ich bei dem Raub der Sabinerinnen Zuflucht und dort, inmitten eines unglaublichen Durcheinanders von Armen, Beinen und Geschrei spielte ich den Verlorenen. Ich ließ zu, daß sie alle geraubt wurden, und jene, die mir darüber berichtete, verwandelte sich in ein farbloses Trugbild. Da die Römer alle adoptierten, auch die gerade erst geborenen Mädchen, endet die Geschichte unseres Volkes glücklich mit der Anekdote vom Raub. Schluß mit den Frauengeschichten.

Das farblose Trugbild, das mir darüber berichtet hatte, verschwand ganz und gar, und ich betrachte mich, völlig zu recht, als letzten Repräsentanten des Sabinergeschlechts.
Manchmal verlasse ich meine männliche Einsamkeit, irre planlos durch die Ruinen des Imperiums und streichle träumend die zerbrochenen Statuen . . .

Weihnachtsgeschichte

Das Mädchen ging mit verbundenen Augen zum Vorweihnachtsball, um die Piñata aufzuschlagen, aber aufgebrochen wurde es selber. Es trug ein Festkleid; sein Körper war verführerisch, sein Herz bereit.

(Einer meiner Freunde, ein guter Psychologe, hat diese mexikanische Sucht, Piñatas, diese schön verzierten, mit Seidenpapier und Flittergold behängten Tonvasen zu zerschlagen, die voller Früchte stecken, folgendermaßen erklärt: Dies sei ein Fruchtbarkeitsritus, der mit der Dezembertraurigkeit im Streit liege. Die Tonvase sei ein üppiger Bauch; die neun Festtage entsprächen den Monaten der Schwangerschaft; der angreifende Prügel sei ein abscheuliches Sexualsymbol; die Augenbinde bedeute die Blindheit der Liebe und so weiter. Aber kehren wir zu unserer Geschichte zurück.)

Wir waren dabei stehengeblieben, daß das Mädchen, genau auf dem Vorweihnachtsball, einen Schlag auf den Kopf bekam . . .

(Wir sollten hinzufügen, daß die Tonvasen – nach der oben genannten Interpretation –, alle möglichen Formen annehmen können, um den Aggressionstrieb der Kinder ihren geliebten Wesen wie kleinen Tauben, Stierchen, Eselchen, Raumschiffen, Pierrots und Colombinen gegenüber zu befriedigen.)

Mit dem Prügel, und das auf dem Vorweihnachtsball! Wie die Geschichte zu Ende geht? Da müssen wir wohl noch ein paar Monate warten. Das Mädchen kann glücklich sein, wenn sie pünktlich die Frucht ihrer Piñata darbringt. So findet die These meines Freundes, des Psychiaters, der so hervorragend Weihnachtsgeschichten erzählen kann, ihre fast metaphysische Bestätigung.

Von der Falkenjagd

Qu'il en découvre quelqu' une statim adest.
P. C.

Der Jagdfalke hat dich geschlagen. Der Habicht, der meinem Gemüt so schmerzhaft zugesetzt hat, schwebte schon seit geraumer Zeit über der Gegend. Aber ich hätte nicht geglaubt, daß das Pathos seiner selbstsüchtigen Kreise dein Herz hätte rühren können.

Ich habe hoch in den Wolken gelebt, und immer noch liebe ich die Wesen, die sich wehren und fliehen. (Mein Gedächtnis gaukelt mir eine unerreichbare Taube vor, die sich nach mir sehnt.) Ich fliege weiterhin auf sie zu, wenn auch mit vermindertem Schwung. Nachts grüble ich in einer unwirklichen Felsenlandschaft über Entführung und Zärtlichkeit.

Der Raubvogel schoß auf dich nieder wie ein Blitz, als du zum vorletzten Mal unachtsam warst, während ich im rauhen Bergland meinen Gedanken nachhing.

Aber es sollte doch etwas zur Entschuldigung und zugunsten des Jagdfalken gesagt werden: Von deiner Seele ging ein feiner Hauch Ungewißheit aus . . .

Der schwarze König

J'ai aux éschecs joué devant Amours
Charles D'Orleans

Ich bin der Schwermütige, der Unbehauste, der Untröstliche, der seinen letzten Turm opferte, um einen Damenbauern bis zur siebten Reihe vorzubringen, vor den Läufer und das Pferd von weiß.
Ich spreche von meiner schwarzen Position aus. Mich ritt der Teufel in der Hitze des Gefechts, als ich mindestens schon ein sicheres Patt in Aussicht hatte. Ich träumte von einer neuen Dame und lief dabei in die Falle eines zweifachen Schachs, wie ein Anfänger ....
Diese Partie habe ich von Anfang an schlecht gespielt: Schwächen bei der Eröffnung, voreiliger Figurenabtausch mit eindeutigem Nachteil .... Dann verzichtete ich auf bedachtes Spiel, um einen Bauern durchzubekommen: den Damenbauern ... Dann ....
Nun bin ich einsam und streife untätig durch das Schachbrett meiner weißen Nächte und schwarzen Tage, versuche, auf wichtige Felder zu gelangen, und dabei dem Matt durch Läufer und Pferd auszuweichen. Wenn mich mein Gegner nicht in einer bestimmten Anzahl von Zügen mattsetzt, ist die Partie unentschieden. Deshalb spiele ich weiter, letztlich gehorche ich ja nur den Bestimmungen des Weltschachbundes, in denen es wörtlich unter Artikel 12 heißt:
Die Partie ist Remis:
Absatz 4) wenn ein Spieler anzeigt, daß wenigstens 50 Züge von beiden Seiten gespielt worden sind, ohne daß eine Figur geschlagen oder Bauern gezogen wurden.

Das weiße Pferd springt hin und her, ohne Sinn und Verstand, hin und her, her und hin. Bin ich gerettet? Aber unversehens überkommt mich die Angst, und unerklärlicherweise beginne ich, mich in eine verhängnisvolle Ecke zurückzuziehen.
Ich erinnere mich an einen Scherz des Großmeisters Simagin: Mit Läufer und Pferd mattzusetzen sei einfacher, wenn man sich nicht darauf verstehe, sondern es mit dem Gefühl schaffe, mit dem unerschütterlichen Willen, den anderen fertigzumachen.
Die Situation hat sich verändert. Auf dem Brett hat sich das Delétang'sche Dreieck ergeben, und ich kann die Züge nicht mehr nachhalten. Es kommt immer wieder zu Dreieckskombinationen, bis ich mich in der letzten schließlich umstellt sehe. Ich habe nur noch drei Felder, auf die ich ziehen kann: Auf g 8 und h 8 und auf h 7.
Und mir wird bewußt, daß mein Leben nur eine Dreieckskombination war. Immer wähle ich die Gegenstände meiner Liebe schlecht aus und verliere sie, einen nach dem anderen, wie den Damenbauern. Jetzt verfolgen mich drei Figuren: König, Läufer und Pferd. Ich bin kein Schnittpunkt mehr; ich bin nur noch toter Punkt im letzten Dreieck. Warum weiterspielen? Warum habe ich mich nicht schon beim Schäferzug mattsetzen lassen? Oder warum bin ich nicht auf eine Variante von Légal hereingefallen? Warum hat mich Gott nicht schon im Mutterleib sterben lassen, mich darin eingeschlossen wie in Philidors Grab?
Bevor ich mattgesetzt werde, will ich lieber meinen König hinlegen. Aber mir zittern die Hände, und ich werfe ihn vom Brett. Höflich hebt ihn mein junger Gegenspieler wieder auf, stellt ihn auf seinen Platz zurück und setzt ihn mit dem Läufer auf h 8 matt.
Ich werde nie wieder Schach spielen. Bei meiner Liebe.

Eher wende ich den Rest meiner Tage, in denen ich noch zum Scharfsinn fähig bin, auf die Analyse von fremden Parteien, vertiefe mich in Endspiele mit Königen und Bauern, löse Probleme, in drei Zügen mattzusetzen, aber nur, wenn damit unausweichlich das Opfer der Dame verbunden ist.

Otto Weininger gewidmet

Mit einer biologischen Referenz
des Baron Jakob von Uexküll

In der Sonne ist die Krätze unerträglich. Ich bleibe hier im Schatten liegen, am Fuß dieser Mauer, die jeden Augenblick einzustürzen droht.

Romantisch wie ich nun einmal bin, lief ich mein Leben lang hinter einer Hündin her. Ich verfolgte sie heiß und innig, sie, die Labyrinthe wob, die nirgendwohin führten. Nicht einmal in der Sackgasse konnte ich, wie ich es erträumt hatte, ihrer habhaft werden. Erst heute habe ich, mit altersschwacher Nase, an einen jener absurden Wege gedacht, auf denen sie hier und da ihre duftenden Visitenkärtchen hinterließ.

Ich habe sie nicht wiedergesehen. Nun bin ich triefäugig und fast blind. Aber von Zeit zu Zeit kommen böswillige Freunde vorbei, um mir zu erzählen, sie durchstöbere in diesem oder jenem Stadtviertel wie besessen Abfalleimer, um die sie sich mit riesengroßen Kötern streite.

Dann spüre ich so etwas wie Wut und möchte am liebsten den erstbesten beißen und mich dann den städtischen Hundefängern ausliefern. Oder mich mitten auf die Straße unter irgendein schweres Fahrzeug werfen. (In manchen Nächten belle ich der Form halber sogar den Mond an.)

Doch ich bleibe hier liegen, ein räudiger Hund. Mit meinem durchgescheuerten Rücken. Hier unten an der Mauer, in deren Kühle ich mich langsam vergrabe. Und kratze mich, kratze mich . . .

Metamorphose

Wie ein Meteor, der mit seinem Leuchten sogar am hellichten Tage Glanz verbreitet, wie ein kleines Juwel, das mit einem Mal alle Fliegen der Erde aussticht, die jemals in einen Suppenteller fielen, – so kam der Schmetterling durchs Fenster und ging sofort im Linseneintopf unter.

Geblendet von diesem aufleuchtenden Glanz (der dann in der fettigen Oberfläche der Hausmannskost verschwand), gab der Mann seine Essensgewohnheit auf und machte sich augenblicklich daran, das Wunder wiederherzustellen. Mit geduldiger Besessenheit fischte er die Schuppen dieses feinsten Gespinstes eine nach der anderen aus der Suppe, rekonstruierte aus dem Gedächtnis das Muster auf den oberen und den unteren Flügeln, gab den Fühlern und den Beinchen ihre ursprüngliche Anmut zurück, leerte den Unterleib und füllte ihn wieder, bis er die Wespentaille geformt hatte, die diesen vom Brustteil trennt, und befreite jedes der kostbaren Teilchen mit äußerster Sorgfalt von kleinsten Fettresten, Geruch und Feuchtigkeit.

Der eheliche Eintopf wurde darüber endgültig kalt. Am Ende seiner Bemühungen, die seine besten Jahre verbraucht hatten, erfuhr der Mann mit Erschrecken, daß er das Exemplar eines gewöhnlichen und weit verbreiteten Schmetterlings präpariert hatte, nämlich einer *Aphrodita vulgaris maculata*, einer Sorte, von der es Tausende gibt. Aufgespießte Präparate von allen möglichen Entwicklungsstufen und Varianten befinden sich in den verstaubtesten Naturkundemuseen und in den Herzen aller Männer.

Cocktail-Party

»Ich habe mich unheimlich amüsiert!«, sagte Mona Lisa mit ihrer Fistelstimme, und um sie herum pflichtete ihr ein ergebener Chor laut quakender Frösche begeistert Beifall. In jedem Salon des Palastes hörte man ihr Lachen heraus wie den einsamen Strahl einer geschwätzigen Fontäne. (In dieser Nacht drang mir das Wasser der Bitterkeit bis ins Mark.)

»Ich habe mich unheimlich amüsiert!« Ich nahm in meiner Eigenschaft als Vertreter des Geistes an der Party teil und wurde, nachdem ich zuvor mein Beglaubigungsschreiben überreicht hatte, auf Schritt und Tritt beglückwünscht, begrüßt, mir wurden Kaviarhäppchen und Zigaretten angeboten. (Eigentlich war ich nur gekommen, um Mona Lisa zu sehen.) »Was malen Sie zur Zeit?« Schmuckbehängte Ungeheuer in Brokat kamen und gingen durch dieses brodelnde Aquarium voll Rauch, giftiger Myrte und Getriller. Blind vor Wut ließ ich meine Phosphorlampen im Dunkeln leuchten, um die Aufmerksamkeit Mona Lisas auf Tieferes zu lenken. Aber sie biß nur bei oberflächlichen Ködern an, und die schwülstigen Schöntuer verschlangen sie mit ihren Augen.

»Ich habe mich unheimlich amüsiert!« Schließlich mußte ich mich abseits des Festgewühls verstecken, umgeben von falschen Schülern, den Schierlingsbecher in der Hand. Eine schon etwas betagte Dame trat an mich heran, um mir zu sagen, wie gern sie etwas von mir bei sich zu Hause hätte: Eine Überraschungstorte für ihr nächstes Bankett, eine Badewanne mit einem Mischhahn für warmes Wasser, oder ein paar Skulpturen aus Schnee, so schön wie die, die Michelangelo im Winter im Palast der Medici modelliert. In meiner Eigenschaft als Vertreter des Geistes überhörte ich höflich alle Andeutungen der Dame, half ihr aber bei der Geburt schwieriger Gedanken. Ich blieb noch einen Augenblick, trank sogar meinen letzten Whisky mit Soda aus und hatte Gelegenheit, mich von Mona Lisa zu verabschieden. In der Tür – ihr Gesicht verlor sich in ihrem Pelz – gestand sie mir aufrichtig, praktisch unter vier Augen, daß sie sich unheimlich amüsiert habe.

Die Falle

Ein Käfig ging einen Vogel suchen.
F. Kafka

Sooft sich mir eine verwirrte und entschlossene Frau nähert, erschauert mein Körper vor Wollust und meine Seele schwillt vor Schrecken.
Ich sehe, wie sie sich öffnen und schließen. Wehrlose Rosen oder fleischfressende Blumen, deren Blütenblätter Fangmechanismen verbergen: Zarte, leicht mit Narkotika geölte Augenlider. (Um sie herum summt ein Schwarm junger, pedantischer Schmeißfliegen.)
Und ich fliege auf Seelen aus Insektenvertilgungspapier wie auf Seen aus Sirup. (Da ich solche Unfälle gewohnt bin, befreie ich meine Libellenbeine eins nach dem anderen. Aber das letztemal habe ich ein gebrochenes Rückgrad davongetragen.) Und so fliege ich allein.
Lügen-Sibyllen sind sie, lauern wie Spinnen in ihren Netzen. Und ich fliege wieder einmal allein, schicksalsergeben auf der Suche nach neuen Orakeln.
Oh Verfluchte, nimm für immer den Schrei des flüchtigen Geistes in der Tiefe deines schweigenden Fleisches auf!

Ich konnte mir solche Gedanken nicht aus dem Kopf schlagen. Aber eines Tages, als ich gerade um eine Ecke biegen wollte und nicht einmal mehr Zeit für einen Gruß fand, packte mich mein Freund, der Erzengel, bei den Hörnern, hob mich mit der Entschlossenheit eines Athleten hoch und ließ mich einen Hammelsprung in der Luft tun. Die Stangen brachen am Stirnansatz ab (*tour de force magnifique*), und ich schlug lang hin, aus beiden Wunden rann mir Blut in die Augen. Bevor ich das Bewußtsein verlor, machte ich meinem Freund, der schnell das Weite suchte und mir dabei Entschuldigungen zurief, eine vage Geste der Dankbarkeit.

Die Vernarbung verlief langwierig und schmerzhaft, obwohl ich versuchte, die Sache zu beschleunigen, indem ich mir jeden Tag die Wunden mit etwas in Lethewasser aufgelöstem Ätznatron wusch.

Heute habe ich den Erzengel anläßlich meines vierzigsten Geburtstags wiedergesehen. Mit unnachahmlicher Grazie überreichte er mir als Geschenk meine Hörner, die jetzt an einer schönen Samtstirn prangten. Ohne viel zu überlegen, befestigte ich sie als praktisches und nützliches Symbol über meinem Bett: An ihnen habe ich heute abend, bevor ich mich schlafenlegte, all meine Jugendlichkeit aufgehängt.

Achtung! Lebende Tiere!

Es war einmal ein kleines, ein ganz kleines Mädchen, das allerhand dummes Zeug im Zoologischen Garten anstellte. Es schlüpfte in den Käfig der schlafenden Raubkatzen und zog sie am Schwanz. Das plötzliche Aufschrecken der wilden Tiere bedeutete die Rettung für das Kind, weil es sich jedesmal flugs in Sicherheit brachte.

Aber eines Tages legte sich das Mädchen mit einem schwachen, einsamen, schon etwas heruntergekommenen Löwen an, der sich nichts anmerken ließ. Das Mädchen begnügte sich nicht länger damit, ihn am Schwanz zu ziehen, sondern wurde kühner. Es kitzelte den Schlafenden und kraulte ihm tüchtig die Gedanken seiner Mähne durcheinander. Da der Löwe keinerlei Reaktion zeigte, ernannte sich das Mädchen lauthals zur Löwenbändigerin. Da wandte die Raubkatze sachte das Haupt und verschlang das Mädchen mit einem Bissen.

Der Zoo-Verwaltung war dieser Vorfall sehr peinlich, weil alle Zeitungen ihn aufgriffen. Die Kommentatoren lamentierten herum und verurteilten die Gesetze des Universums, die es erlaubten, daß hungrige Löwen und unausstehliche kleine Mädchen nebeneinander existieren.

Du und ich

Adam lebte glücklich in Eva, in einem innig geliebten Paradies. Er ruhte in ihr wie ein Samenkorn im süßen Fruchtfleisch, wirksam wie eine Drüse, die nach innen sekretiert, schlummernd wie eine Raupe im Seidenkokon; die Flügel seines Geistes waren noch eng gefaltet.
Wie alle glücklichen Menschen wurde Adam seiner Zufriedenheit überdrüssig und sann auf eine Möglichkeit, irgendwie nach draußen zu gelangen. Er schwamm gegen den Strom in den trägen Wassern der Mütterlichkeit, kopfüber strebte er durch seinen Maulwurfsgang nach draußen und zertrennte die weiche Nabelschnur seiner ersten Bindung.
Aber der Bewohner und die nicht mehr Bewohnten konnten nicht getrennt voneinander leben. Nach und nach erfanden sie ein Zeremoniell voller Sehnsucht nach der Zeit vor der Geburt, ein intimes und obszönes Ritual, das mit der bewußten Erniedrigung Adams beginnen sollte. Er kniete vor ihr wie vor einer Göttin nieder, richtete inständige Bitten an sie und brachte ihr alle möglichen Opfergaben dar. Dann begann er mit immer drängenderer und drohenderer Stimme ein Plädoyer zugunsten des Mythos von der Ewigen Wiederkehr. Nachdem sie sich lange hatte bitten lassen, hob Eva ihn vom Boden auf, strich ihm die Asche aus den Haaren, zog ihm sein Büßergewand aus und nahm ein Teil von ihm in ihrem Schoß auf. Das war der Höhepunkt. Aber der Akt der Nachahmungsmagie zeitigte, was die Fortpflanzung der Art anbelangt, sehr schlechte Resultate. Und so wurden angesichts der unverantwortlichen Vermehrung von Adamen und Evas, die in der Folge das Weltendrama nach sich ziehen sollte, der eine wie die

andere zur Rechenschaft gerufen. (Noch schrie Abels frisches Blut stumm zum Himmel.)
Vor dem höchsten Richterstuhl beschränkte sich Eva zynisch-bescheiden darauf, ihre mehr oder weniger verhüllten natürlichen Reize zu zeigen, während sie dabei den Katechismus der vorbildlichen Ehefrau aufsagte. Fehlende Gefühle und Gedächtnislücken füllte sie virtuos aus einem reichen Repertoire an Lächeln, Geschmuse und Ziererei. Zum Schluß brachte sie eine hinreißende Pantomime der qualvollen Geburt.
Adam, seinerseits sehr förmlich, trug eine weitschweifige Zusammenfassung der Universalgeschichte vor, wobei er tunlichst Elend, Betrügereien und Mord wegließ. Er sprach vom Alphabet und von der Erfindung des Rades, von der Odyssee des Wissens, vom Fortschritt in der Landwirtschaft und vom Frauenwahlrecht, von Friedensverträgen und vom provenzalischen Minnesang . . . .
Unerklärlicherweise nahm er dich und mich als Beispiel. Er definierte uns als das ideale Paar und machte mich zum Sklaven deiner Augen. Aber dann ließ er unvermittelt, erst gestern, jenen Blick aufleuchten, der, da er von dir kommt, uns für immer trennt.

Begegnung

Zwei Punkte, die sich anziehen, brauchen nicht unbedingt die Gerade zu wählen. Natürlich wäre das der kürzeste Weg. Aber einige ziehen das Unendliche vor.
Die Leute sinken sich gegenseitig in die Arme, ohne das Abenteuer in seinen Einzelheiten zu beschreiben. Wenn es hochkommt, gehen sie im Zick-Zack vorwärts. Aber einmal am Ziel angelangt, bringen sie sich auf geraden Kurs und begatten sich. Eine so jähe Liebe ist ein Schock, und diejenigen, die so aufeinanderprallen, finden sich durch den Rückstoßeffekt an ihren Ausgangspunkt zurückversetzt. Zu sehr Geschoß, führt sie ihr Weg nach hinten, durch den Gewehrlauf zurück, wo sie sich in einer leeren Patronenhülse festfressen.
Ab und an weicht ein Paar von dieser starren Regel ab. Ihre Absicht ist ausgesprochen geradlinig und entbehrt nicht der Aufrichtigkeit. Doch unbegreiflicherweise wählen sie das Labyrinth. Sie können nicht getrennt voneinander leben. Das ist ihre einzige Gewißheit, und die verlieren sie, indem sie sich suchen. Wenn einer von beiden einen Irrtum begeht und die Begegnung herbeiführt, tut der andere so, als bemerke er nichts und geht grußlos vorüber.

Phantasiedame

Sie wäre die richtige für dich, die Phantasiedame. Weder brauchst du ihr den Hof zu machen, noch benötigst du ihr Einverständnis. Von Zeit zu Zeit mußt du dich nur in konzentriertes und glühendes Nachdenken versenken. Nimm dazu eine homogene, strahlende Masse, irgendeine Frau (am besten jung und schön), und laß sie in deinem Kopf wohnen. Hör ihr nicht zu, wenn sie spricht. Oder übertrage jedenfalls die Laute, die aus ihrem Munde kommen, in eine kabbalistische Sprache, in der Einfalt und Blödsinn zur Sphärenharmonie zusammenfinden. Wenn du in den scharfsinnigsten Stunden deines einsamen Zeitvertreibs glaubst, nicht mehr auf die Mitwirkung ihrer Person verzichten zu können, dann gib dich nicht geschlagen. Die beherrschende Erinnerung wird dich liebevoll an die Hand nehmen und dich zu einem jener Winkel der Kindheit führen, in der dir hämisch lächelnd ihr willfähriges, dir entgegenfieberndes Trugbild auflauert.

Theorie über Dulcinea

An einem einsamen Ort, dessen Name hier nichts zur Sache tut, wohnte ein Mann, der sein Leben damit zubrachte, wirklichen Frauen aus dem Weg zu gehen.
Er nahm lieber ein Buch in die Hand und beglückwünschte sich jedesmal aufrichtig, wenn ein fahrender Ritter sich mit Leib und Seele einem jener vagen weiblichen Trugbilder verschrieb, die nichts als übereinandergestülpte Tugenden und Röcke sind und dem Helden nach vierhundert Seiten Lügen, Hinterhalten und dummen Einfällen auflauern.
Auf der Schwelle zum Alter hat eine Frau aus Fleisch und Blut den Einsiedler in seiner Höhle belagert. Unter irgendeinem Vorwand kam sie in seine Behausung und erfüllte sie mit einem starken Schweiß-und Wollegeruch, dem Geruch einer jungen Frau vom Lande, die die Sonne erhitzt hat.
Der Ritter verlor den Kopf, aber statt die zu packen, die vor ihm stand, nahm er über Seiten und abermals Seiten hinweg die Verfolgung eines großartigen Hirngespinstes auf. Er ritt viele Meilen weit, kämpfte mit der Lanze gegen Lämmer und Windmühlen, zog einigen Steineichen die Rinde ab und machte drei oder vier Luftsprünge. Bei der Rückkehr von seiner vergeblichen Suche, wartete der Tod schon in der Tür seines Hauses auf ihn. Er hatte gerade noch Zeit, aus der Tiefe seiner spindeldürren Seele heraus ein hohles Testament zu diktieren.
Aber über das staubige Gesicht einer Hirtin flossen wirkliche Tränen, und am Grab des wahnsinnigen Ritters huschte ein vergebliches Leuchten über ihr Gesicht.

Hochzeitslied

Die Geliebte und der Geliebte haben den Raum in einem widerwärtigen Zustand hinterlassen, überall finden sich die Spuren der Liebe: Flitterkram und verwelkte Blütenblätter, Reste von verschüttetem Wein und Parfüm. Auf dem zerwühlten Bett über der zerklüfteten Unordnung der Kopfkissen schweben Worte wie Fliegenschwärme, dichter und gesättigter als Aloe und Weihrauch. Die Luft ist voll von ich liebe dich und mein Täubchen.
Während ich die Schlafstatt herrichte und Ordnung mache, durchlüftet die morgendliche Brise mit ihrer leichten Zunge die süßlich-schweren Massen. Ohne es zu merken, habe ich auf die Rosenknospe getreten, die sie zwischen ihren Brüsten trug. Jungfräuliches Zierpüppchen, mir ist, als hörte ich noch, wie sie liebeskrank um Zärtlichkeiten und Liebkosungen bettelte. Die Zeit wird kommen, da sie allein im Nest bleibt, während ihr Geliebter an anderen Ufern nach Neuem sucht.
Ich kenne ihn. Er überfiel mich kürzlich in einem Wäldchen, und ohne lange zu fragen, warf er mich zu Boden und besaß mich. Gleich einem vergnügten Holzfäller, der vorbeigeht, ein obszönes Lied singt und mit einem Hieb den Palmschößling abschlägt.

Allons voir si la rose . . .

Mit dem Schlachtruf »Laßt uns die Rosen des Lebens pflücken, bevor es zu spät ist«, verwüstete Pierre de Ronsard in der 2. Hälfte des 16. Jahrhunderts die Gärten Frankreichs, wo er an den Ufern der Loire und des Chers Liebchen und Schätzchen deflorierte.
Sein Ruhm als Dichter hat seinen Ruf als geschicktester Aufknüpfer seiner Zeit von Schnüren und Bändern, Miedern und Korsetts in den Schatten gestellt. Er war in der Tat der vorzüglichste Sammler frischer Rosen, ein dekadenter Kräutersammler, der die Feldwege absuchte, ein fliegender Händler in Sachen Poesie, der Sonette und Madrigale gegen Jungfrauen in ihrer Blüte tauschte.
Als der Gegensatz von der verwelkten Rose und den bäuerlichen Pausbacken nicht mehr ankam, holte er seinen künstlichen Totenschädel hervor und erging sich klagend im Dunkel der Myrten, wie eine gespenstische Vorahnung, um mit den grausen Verwüstungen des Alters die unschuldigen Spinnerinnen der Dämmerung zu erschrecken.
Beglückwünschen wir Ronsard also zu der bescheidensten seiner Tugenden, nämlich dazu, mit jener ungeheuerlichen Metapher, die klar seinen Sieg über die Vergänglichkeit besiegelte, ins Schwarze getroffen zu haben. All seine Rosen von gestern ruhen, zu Staub zerfallen, auf ländlichen Friedhöfen unter dieser gemeinsamen Grabschrift: »Als ich schön war, besang mich Ronsard«. *Requiescat in pace!*

Honigmond

Sie tauchte zuerst unter. Ich will ihr keinen Vorwurf machen, denn der Rand des Mondes war undeutlich verschwommen und entstellt in der gelben Dämmerung. Nur wäre ich ihr besser nicht gefolgt; bald steckten wir tief in dieser tiefen Süße. Eingetaucht in das Meer, in dem es von schwimmenden Paaren wimmelt, trieben wir lange ziellos und ausweglos herum. Wir überließen uns dem Zufall träger Zärtlichkeiten, bewegten uns langsam im honigsüßen, runden, endlosen Gemach.

Manchmal erhaschten wir ein Zipfelchen Wirklichkeit, eine trügerische Insel, ein durchsichtiges Stück aus mehr oder weniger kristallisiertem Zucker. Aber das währte nicht lange. Sie verstand es immer wieder, das Gleichgewicht zu verlieren, um mich aufs neue in den lockenden Ozean hinunterzuziehen.

Als ich begriffen hatte, daß der Ausweg nicht an der Oberfläche zu finden sei, ließ ich mich bei einem dieser Zwischenfälle in die tiefste Tiefe hinab. Ich bin außerstande zu sagen, wie lange das widerliche senkrechte Abtrudeln dauerte.

Schließlich kam ich auf dem unberührten Grund an. Der Honig hatte sich dort in harten, bizarren Quarzformationen abgelagert. Ich ging los und bahnte mir zwischen gefährlichen Stalaktiten hindurch den Weg. Als ich ins Freie gelangte, fing ich an zu laufen, als sei ich auf der Flucht. An einer Flußmündung hielt ich inne, atmete kräftig durch und wusch mir die letzten Spuren des Honigs vom Körper.

Da merkte ich, daß ich meine Gefährtin verloren hatte.

Sinnsprüche

I

Die Frauen nehmen immer die Gestalt des Traumes an, der sie einschließt.

II

Jedesmal, wenn ein Mann und eine Frau versuchen, den Archetyp wiederherzustellen, bilden sie etwas Ungeheuerliches: Das Paar.

III

Ich bin ein Adam, der vom Paradies träumt, aber immer mit heilen Rippen aufwacht.

IV

Schlagzeile: Kampf mit dem Engel wegen Unentschlossenheit verloren.

V

Alles Schöne liegt in der Form.

Schwerkraft

Abgründe ziehen an. Ich lebe am Rande deiner Seele. Ich bin dir zugeneigt, ergründe deine Gedanken, erforsche den Grund deines Handeln. Unbestimmte Sehnsüchte bewegen sich in der Tiefe, wälzen sich ziellos in ihrem Reptilienbett.

Wovon nährt sich mein gefräßiges Grübeln? Ich sehe den Abgrund, du ruhst in der Tiefe deiner selbst. Keine Offenbarung. Nichts, was dem plötzlichen Erwachen des Bewußtseins ähnelte. Nichts außer dem Auge, das unerbittlich meinen offenen Blick widerspiegelt.

Abstoßender Narziß, der ich bin, betrachte ich meine Seele auf dem Grund eines Brunnens. Manchmal wendet ein Schwindelgefühl meine Augen von dir ab. Aber immer wieder spähe ich in den Abgrund hinab. Andere sind glücklich, sie sehen nur kurz deine Seele und gehen weiter.

In mich gekehrt verharre ich am Rand. In der Ferne stürzen sich viele Wesen in die Tiefe. Was von ihnen übrigbleibt, liegt verstreut und aufgelöst in Zufriedenheit unten. Obwohl mich der Abgrund anzieht, lebe ich doch in der melancholischen Gewißheit, daß ich niemals hineinfallen werde.

Prosodie

Für Seymour Menton

Bericht aus Liberia

Wie das unter Frauen so üblich ist, lief das Gerücht von Mund zu Mund, und eine beträchtliche Anzahl besorgter Schwangerer hat vergeblich bei umsichtigen Ärzten um Rat nachgesucht. Die Zahl der Eheschließungen nimmt merklich ab, der Handel mit empfängnisverhütenden Mitteln erreicht alarmierende Höhen.
Da die wissenschaftlichen Institutionen Stillschweigen bewahren, wandten sich die Zeitungsreporter zu ungelegener Stunde an die Vereinigung autodidaktischer Hebammen (VAH). Dank der Präsidentin, einer dicken, sterilen und geschwätzigen Matrone, haben die Gerüchte eine verhängnisvolle Wende genommen: Überall sträubten sich die Kinder, gutwillig zur Welt zu kommen, und es gebe nicht genug Chirurgen, um all die Kaiserschnitte und Zangengeburten auszuführen, und als sei das noch nicht genug, hat die VAH soeben den ausführlichen Bericht zweier Hebammen in ihr nicht für die Öffentlichkeit bestimmtes Verlagsprogramm aufgenommen, einen Bericht, wonach beide Hebammen unter Aufbietung ihrer ganzen Kraft mit einem widerspenstigen Kind, mit einem wahren Teufel, gekämpft hätten, der sich länger als 24 Stunden zwischen Leben und Tod abgemüht habe, ohne auch nur im geringsten auf die Schmerzen seiner Mutter Rücksicht zu nehmen. Das Kind habe sich wie ein Brunnenputzer an den Beckenknochen und an den Rippen festgekrallt und sich so stark zur Wehr gesetzt, daß die beiden Damen schließlich aufgegeben und ihm seinen Willen gelassen hätten . . .
Wie zu erwarten war, haben von den Wissenschaftlern nur die Psychologen den Mund aufgemacht: Sie schreiben das Phänomen einer Art Massenhysterie zu und sind

der Ansicht, daß sich die Mütter und nicht etwa die Kinder bei der Geburt so unnatürlich verhalten. Damit sprechen sie eine deutliche Kritik an den Menschen unserer Tage aus. Ein anderer Psychiater, der den explosiven Charakter der Entbindung in seine Überlegungen einbezieht, betont aufgrund seiner positiven Lebenseinstellung, daß der unmotiviert erscheinende Widerstand der Ungeborenen im Grunde ein wahrer Kinderkreuzzug gegen die Atombombenversuche sei. Angesichts des spöttischen Lächelns der Gynäkologen schließt er seine Ausführungen mit der verblüffend naiven Überlegung, daß die Welt, in der wir leben, vielleicht doch nicht die beste aller möglichen Welten sei.

Wo immer gekämpft wird, werde ich auf seiten des Verlierers stehen; gleich, ob es sich um einen Helden oder um einen Verbrecher handelt.
Mit der Kette um den Hals hänge ich der Theorie der Sklaven an, wie wir sie in die ältesten Stelen eingemeißelt finden. Ich bin der sterbende Krieger unter dem Wagen Assurbanipals; ich bin der in den Öfen von Dachau verkohlte Knochen.
Hektor und Menelaus, Frankreich und Deutschland, und die beiden Betrunkenen, die sich in der Kneipe die Schädel einschlagen, lasten auf mir mit ihrer Zwietracht. Wohin sich mein Blick auch wendet, ist mir das Panorama der Welt verhängt von einem unendlich großen Veronika-Tuch mit dem Antlitz des Geschmähten.
Als unfreiwilliger Zuschauer sehe ich den Streitenden zu, wie sie den Kampf beginnen, und ich möchte unparteiisch sein. Denn auch ich bin zweigeteilt: einer, der schlägt, und einer, der die Schläge einsteckt.
Mensch gegen Mensch. Will jemand wetten?
Meine Damen und Herren: Es gibt keine Erlösung. In uns selber wird die Partie verloren. Der Teufel spielt jetzt mit weiß.

Fünfter Kreis der Hölle

Tief in der Nacht bin ich plötzlich am Rande eines ungewöhnlichen Abgrunds aufgewacht. Dicht neben meinem Bett stürzte eine Verwerfung aus dunklem Gestein halbkreisförmig hinab, ihre Konturen erschienen verschwommen hinter einer dünnen stinkenden Rauchsäule und dem Hin- und Hergeflattere düsterer Vögel. Auf einem Schlackenvorsprung, fast über dem Abgrund schwebend, stand eine lächerlich kleine, lorbeerbekränzte Person, die mir die Hand entgegenstreckte und mich einlud, nach unten zu kommen.

Ich lehnte freundlich ab, ganz unter dem Eindruck des nächtlichen Schreckens, und sagte, daß alle Entdeckungsfahrten ins Innere des Menschen immer in oberflächlichem und eitlem Wortgeklingel enden.

Ich zog vor, das Licht anzumachen, um mich wieder der tiefen Monotonie der Terzette zu überlassen, aus denen eine Stimme zugleich singt und weint, und die mir immer wieder sagt, es gebe keinen größeren Schmerz, als sich im Elend an glückliche Zeiten zu erinnern.

Aus dem Osservatore

Zu Beginn unserer Zeitrechnung sind die Schlüssel des Heiligen Petrus in den Randbezirken des Römischen Reiches verlorengegangen. Der Finder wird dringend gebeten, sie gütigst sofort dem regierenden Papst auszuhändigen, da die Pforten des Himmelreichs schon seit mehr als fünfzehn Jahrhunderten mit keinem Dietrich geöffnet werden konnten.

Einer von zweien

Auch ich habe mit dem Engel gerungen. Zu meinem Unglück war der Engel eine starke, reife, abstoßende Person mit dem Gewand eines Boxers.
Kurz vorher hatten wir uns noch, jeder auf seiner Seite, in der Toilette erbrechen müssen. Denn das Bankett, oder besser gesagt das Gelage, war eins von der schlechtesten Sorte gewesen. Zu Hause wartete meine Familie auf mich: Abgelebte Vergangenheit.
Unmittelbar nachdem mich der Mann herausgefordert hatte, begann er, mich ernstlich zu würgen. Der Kampf, oder besser, die Verteidigung, verlief für mich wie eine schnelle und vielschichtige Abfolge von Überlegungen. Ich rechnete mir blitzschnell alle Möglichkeiten der Niederlage und des Sieges aus, wettete auf Leben oder Traum, war hin- und hergerissen zwischen Nachgeben und Sterben, und verzögerte das Ergebnis dieses zugleich metaphysischen und körperlichen Vorgangs.
Ich entwand mich schließlich diesem Alptraum, so wie sich der Zauberkünstler aus seinen Fesseln befreit, bevor er aus dem Panzerschrank klettert. Aber am Hals trage ich noch immer die tödlichen Spuren, die die Hände meines Gegners hinterlassen haben, und in meinem Bewußtsein die Gewißheit, nur eine Waffenruhe zu genießen, das quälende Bedauern darüber, einen unwichtigen Etappensieg errungen zu haben innerhalb eines Kampfes, der unweigerlich verloren ist.

Freiheit

Heute habe ich die Unabhängigkeit meines Handelns ausgerufen. Zum Festakt erschienen nur ein paar unbefriedigte Wünsche, zwei oder drei erbärmliche Handlungen. Ein überwältigendes Vorhaben, das eigentlich sein Erscheinen angekündigt hatte, ließ sich im letzten Moment untertänigst entschuldigen. So verlief alles in erschreckender Stille.

Ich glaube, daß der Fehler in der hochtrabenden Proklamation lag: Mit Pauken und Trompeten, Schellenbaum und Leuchtraketen. Und zum Abschluß eine ausgeklügelte Darbietung von moralischem Feuerwerk, alles Rohrkrepierer – wie sich herausstellen sollte.

Schließlich blieb ich mutterseelenallein übrig. All der Attribute des Führers entledigt, brachte ich die Nacht damit zu, schlichte Schreibarbeit zu verrichten. Ich nahm den letzten Rest meines Heldenmuts zusammen und machte mich an die heikle Aufgabe, die Artikel einer ausführlichen Verfassung zu entwerfen, die ich morgen der Vollversammlung vorlegen werde. Die Arbeit hat mich ein wenig aufgemuntert, weil sie mich von dem traurigen Gefühl ablenkte, gescheitert zu sein.

Zaghaft und tückisch nachtfaltern rebellische Gedanken um die Lampe, während von Zeit zu Zeit ein zartes Anklingen der Marseillaise über die Bruchstücke meiner juristischen Prosa streicht.

Letzter Wille

Giovanni Papini, der sich in Bilanzen, Liquidationen und Kassenstürzen auskennt, verdanken wir eine kürzlich erschienene Untersuchung des menschlichen Bewußtseins: »Das Weltgericht« (*Giudizio Universale*, Florenz 1957).

In seinem näheren Bekanntenkreis hat sich das Gerücht verbreitet, daß dem Schriftsteller in den letzten Jahren seines Lebens übernatürliche Traumzustände zuteil geworden seien, die auch seligmachende Visionen und touristische Ausflüge durch Himmel und Hölle eingeschlossen hätten.

Im hintersten Winkel des Universums habe Papini, so sagen die Lästermäuler, mit unseren Vorahnen gesprochen. Adam und Eva bestünden noch aus Fleisch und Blut, seien aber erschreckend alt geworden und könnten sich an nichts mehr erinnern. Ihre einzige Hoffnung setzten sie auf das baldige Jüngste Gericht und auf die Auferstehung des Fleisches, um dann spätestens am folgenden Tag sterben zu können und in ihrer Heimaterde begraben zu werden. Natürlich wollen sie vorher noch ein Familienfoto mit all ihren im Tal des Josaphat versammelten Nachfahren machen.

Wundern wir uns nicht darüber, daß die Verleger und Biographen des berühmten italienischen Erzählers darin übereingekommen sind, diese rührend kindliche Anekdote nicht in seine Werke aufzunehmen.

Flash

London, 26. November (AP) – Ein geisteskranker Gelehrter, dessen Name nicht bekanntgegeben wurde, brachte gestern abend an einem Tunnelausgang einen Absorsor von der Größe einer Rattenfalle an. Am Zielbahnhof wartete man vergeblich auf den Zug. Die Wissenschaftler stehen fassungslos vor dem verhängnisvollen Gegenstand, der noch genauso leicht ist wie vorher, obwohl er alle Waggons des Dover-Expresses und die gedrängte Anzahl der Opfer in sich birgt.
Angesichts der allgemeinen Betroffenheit hat das Parlament eine Erklärung abgegeben, in der es heißt, der Absorsor befinde sich noch in einer Versuchsphase. Er bestehe aus einer Wasserstoff-Kapsel, die ein atomares Vakuum erzeuge. Ursprünglich sei er von Sir Acheson Beal als pazifistische Waffe zu dem Zweck geplant worden, die Auswirkungen von Kernexplosionen rückgängig zu machen.

Der Diamant

Es war einmal ein Diamant im Kropf eines unansehnlichen Huhns. Demütig und resigniert versah der Diamant seinen Dienst als Mahlstein. Mit ihm mahlten noch ein paar Kieselsteinchen und zwei oder drei Glasperlen.
Bald machte er sich wegen seiner Härte unbeliebt. Steine und Glasperlen vermieden es klugerweise, mit ihm in Berührung zu kommen. Das Huhn erfreute sich bester Verdauung, da die Facetten des Diamanten das Futter ausgezeichnet mahlten. Der Solitär drehte sich in jener elastischen Kapsel und wurde dabei immer reiner und glatter.
Eines Tages wurde dem unansehnlichen Huhn der Hals umgedreht. Hoffnungsvoll kam der Diamant ans Licht und schickte sich an, mit dem ganzen Feuer seines Innern zu glänzen. Aber die Magd, die das Huhn ausnahm, ließ ihn mit all seinem Glitzern und Glänzen in das Abflußwasser rollen, umgeben von vergänglichen Küchenabfällen.

Landkarte der verlorenen Gegenstände

Der Mann, der mir die Karte verkaufte, hatte nichts Ungewöhnliches an sich. Er war ein Allerweltstyp, vielleicht ein wenig kränklich. Er sprach mich einfach an, wie es die Verkäufer tun, denen man auf der Straße begegnet. Er verlangte nur sehr wenig für seine Karte: Er wollte sie unter allen Umständen loswerden. Als er mir eine Vorführung anbot, willigte ich neugierig ein, da gerade Sonntag war und ich nichts zu tun hatte. Ganz in der Nähe machten wir uns auf die Suche nach einem belanglosen Gegenstand, den er vielleicht selber dort hatte fallen lassen, in der Gewißheit, daß niemand ihn aufheben würde: Einen mit Similisteinchen besetzten Schmuckkamm aus rosafarbenem Zelluloid. Bis heute habe ich ihn zwischen Stößen von ähnlichem Trödelkram aufbewahrt, und er ist mir besonders lieb, weil er das erste Glied in der Kette war. Ich bedaure nur, daß die verkauften Dinge und abgenützten Geldstücke nicht neben ihm liegen. Seit jenem Tag lebe ich von den Funden, die mir die Karte beschert. Zugegeben, ein ziemlich elendes Leben, aber es hat mich ein für allemal von jeglicher Sorge befreit. Und manchmal, von Zeit zu Zeit, taucht auf der Karte irgendeine verlorene Frau auf, die auf geheimnisvolle Weise meinen bescheidenen Mitteln zupaß kommt.

Die Höhle

Nichts als Schrecken, reiner, leerer Raum. Das ist die Höhle von Tribentianus. Ein Steinloch in den Eingeweiden der Erde. Eine Höhlung, breit und gerundet wie ein Ei, 200 Meter lang, 80 Meter breit. Über allem wölbt sich eine Kuppel aus glattem, geädertem Gestein.
Durch eine natürliche Spalte hindurch, zu der sich zu ebener Erde eine schmale Öffnung auftut, gelangt man über 70 ungleichmäßig ausgemeißelte Stufen nach unten. Warum steigt man hinab? Um zu sterben, stieg man hinab. Auf dem gesamten Boden der Höhle liegen Knochen und viel Staub von zerfallenen Gebeinen. Niemand weiß, ob die unbekannten Opfer freiwillig oder auf besonderes Geheiß hinabstiegen. Auf wessen Geheiß?
Einige Forscher sind der Ansicht, daß die Höhle kein blutiges Geheimnis birgt. Ihrer Meinung nach könnte es sich um einen etruskischen oder um einen ligurischen Friedhof handeln. Aber niemand hält es länger als fünf Minuten in dieser Höhle aus, es sei denn, jemand wolle sein Leben aufs Spiel setzen.
Wissenschaftler erklären das Ohnmächtigwerden jener, die sich hineinwagen, mit dem Ausströmen von unterirdischem Gas. Aber niemand weiß, was das für ein Gas ist, noch wo es ausströmt. Vielleicht ist das, was den Menschen hier überwältigt, das Entsetzen vor dem reinen Raum, dem Nichts in seiner gewölbten Stummheit.
Mehr weiß man nicht über die Höhle von Tribentianus. Tausende von Kubikmetern Nichts, in ihrem runden Autoklav. Das Nichts in Steinschalen. Glattes, geädertes Gestein. Mit dem Staub des Todes.

Fremdes Eigentum

Es gibt nichts Peinlicheres und Jämmerlicheres – sagen die Diebe – als das Benehmen eines Menschen, der in flagranti bei einem Eigentumsdelikt überrascht wird. Er zittert, stottert, hebt die Hände matt hoch und bewegt sie in der Luft, als seien sie leer. Schließlich beteuert er, daß er nichts genommen habe, daß alles gelogen sei, und daß es sich ganz sicher um eine bedauernswerte Verwechslung handeln müsse.

Es ist wirklich sehr schwer, seine eigenen Fehler zuzugeben, und niemand händigt gerne das aus, was ihm gehört. Die Diebe, immer in Gefahr, schwach zu werden, fassen sich ein Herz, und es gelingt ihnen schließlich, etwas gegen den Willen des Besitzers mitzunehmen. Diejenigen, die ohne Pistole stehlen wollen, nehmen ernste Risiken auf sich, denn die Eigentümer setzen ihnen hart zu und gehen gewöhnlich zum Angriff über. Die Zeitungen berichten uns oft von irgendwelchen Unvorsichtigen, die aus sicherer Deckung heraus erschossen wurden, als sie gerade weglaufen wollten.

Dennoch – sagen die Diebe – fänden sie von Zeit zu Zeit noch ein paar bußfertige Seelen, die ihnen alles gäben, was sie bei sich tragen, und die den nächtlichen Besuch feierlich hinnehmen, als stünde er im Plan der Vorsehung.

Warnung für das Jahr 2000

»Vorsicht! Jeder Mensch ist eine Bombe, die unvermittelt losgehen kann. Vielleicht explodiert die Geliebte in den Armen ihres Geliebten. Vielleicht . . .
Niemand kann mehr verfolgt oder gefaßt werden. Alle weigern sich zu kämpfen. Aus den hintersten Winkeln der Erde dröhnt noch das Kampfgeschrei der letzten Unzufriedenen.
Das Mark unserer Knochen ist gehörig gesättigt. Jeder Schenkelknochen, jedes Fingerglied ist eine explosive Kapsel, über die man beliebig verfügen kann. Man braucht nur die Zunge kräftig gegen den Gaumen zu pressen und eine kurze, wütende Überlegung anzustellen . . . 5, 4, 3, 2, 1 . . . der Adrenalinspiegel steigt, die chemische Zusammensetzung des Blutes verändert sich und – peng! Alles ringsherum verschwindet.
Dann fällt ein leichter Aschenregen. Kleine klebrige Partikel schweben in der Luft. Spinnwebfetzen mit einem feinen Geruch, der, wie Brom, Übelkeit erregt: Das sind die Reste des Menschen, der dahingegangen ist.
Uns bleibt nichts anderes übrig, als uns gegenseitig tief und innig zu lieben.

– Und nun würden unsere Leser gern noch erfahren, woran Sie im Augenblick arbeiten. Könnten Sie es uns verraten?

– Gestern abend ist mir etwas eingefallen, aber ich weiß nicht, ich weiß nicht . . .

– Sagen Sie es geradeheraus.

– Es handelt sich um so etwas wie einen Walfisch. Der Walfisch ist die Frau eines jungen Dichters, sagen wir eines ganz gewöhnlichen, normalen Mannes.

– Ach so, ja: Der Walfisch, der Jonas verschluckte.

– Ja, genau. Aber nicht nur den Jonas. Es ist eine Art kolossaler Walfisch, der alle Fische in sich trägt, die sich gegenseitig aufgefressen haben, immer der größere den kleineren, versteht sich, und angefangen beim Plankton.

– Sehr schön! Sehr schön! Auch ich habe mir als Kind ein solches Tier ausgedacht, aber ich glaube, es war doch eher ein Känguruh, in dessen Beutel . . .

– Ja, gut, eigentlich hätte ich nichts dagegen, das Bild des Walfischs gegen das des Känguruhs einzutauschen. Die Känguruhs mit ihrem großen Beutel, in dem die Welt Platz findet, gefallen mir. Aber, wissen Sie, wenn es sich um die Frau eines jungen Dichters handelt, dann ist das Bild des Walfischs doch viel eindrucksvoller. Es ist ein Blauwal, wenn Sie das lieber möchten, damit die Galanterie nicht zu kurz kommt.

– Und wie sind Sie auf diese Idee gekommen?

– Sie ist ein Geschenk eben dieses Dichters, des Ehemannes des Wals.

– Wie das?

– In einem seiner schönsten Gedichte sieht er sich selbst als einen winzig kleinen Saugfisch am Körper des großen nächtlichen Wals, der schlafenden Ehefrau, die ihn in seinem Schlaf führt. Dieser riesige weibliche Wal stellt mehr oder weniger die Welt dar, von der der Dichter nur einen Ausschnitt besingen kann, ein Stückchen sanfter Haut, die ihn trägt.

– Ich fürchte, daß Ihre Ausführungen unsere Leser verwirren. Und unser Chefredakteur . . . , Sie wissen schon . . .

– Wenn das so ist, dann geben Sie doch einfach meine Gedanken etwas beruhigender wieder. Sagen Sie allen, sich selbst und mir, den Lesern der Zeitschrift und dem Herrn Chefredakteur, daß uns der Wal verschlungen hat; daß wir in seinem Innern leben, daß er uns langsam verdaut und uns allmählich ins Nichts hinausbefördert . . .

– Fantastisch! Das genügt. Das ist ausgezeichnet und ganz der Stil unserer Zeitschrift. Nun eine letzte Frage: Könnten Sie uns ein Foto von sich zur Verfügung stellen?

– Nein. Ich möchte Ihnen lieber eine Panoramaansicht des Wals geben. Darauf sind wir alle zu sehen. Wenn Sie sich ein wenig Mühe geben, können Sie mich – ich weiß nicht genau an welcher Stelle – sehr gut ausfindig machen, denn mich umgibt eine kleine Aureole.

Der Erträumte

Mir mangelt es an Realität, und ich fürchte, alle zu langweilen. Ich bin ein nichtswürdiges, abhängiges, schmarotzendes Trugbild. Ich lebe zwischen Ängsten und Begierden, die mir Leben schenken und Tod bringen. Aber ich sagte ja schon, daß ich ein Nichts bin.
Ich liege im Dunkel, in langanhaltendem, unverständlichem Vergessen. Doch plötzlich zwingen sie mich ans Licht, an ein grelles Licht, das mir fast Realität verleiht. Dann beschäftigen sie sich wieder mit sich selbst und vergessen mich. Von neuem verliere ich mich im Dunkel, meine Gebärden werden immer unbestimmter, ich schrumpfe zu einem kraftlosen Nichts.
Die Nacht ist mein Element. Vergeblich versucht der in seinem Alptraum gekreuzigte Ehemann, mich zu vertreiben. Manchmal befriedige ich aufgeregt und ungeschickt das Verlangen der Frau, die sich im Traum wehrt, sich entzieht und sich doch schließlich weich und weit wie eine Decke hingibt.
Ich führe eine unsichere Existenz, hin- und hergerissen zwischen diesen beiden Wesen, die sich hassen und sich lieben und die mir wie einem mißgebildeten Sohn das Leben schenken. Dennoch bin ich schön und schrecklich zugleich. Ich zerstöre die Ruhe des Paares oder ich entfache seine Liebesglut. Manchmal schiebe ich mich zwischen die beiden, und aus der innigsten Umarmung gehe ich wunderbar gestärkt hervor. Er bemerkt meine Gegenwart und bemüht sich, mich auszulöschen, meine Stelle einzunehmen. Aber schließlich dreht er besiegt und erschöpft seiner Frau den Rücken zu und verzehrt sich in Rachegelüsten. Ich bleibe bei ihr liegen, sie ist erregt, ich schließe sie in meine nicht existierenden Arme, die sich

allmählich in ihren Träumen auflösen, an die sie sich beim Aufwachen immer erinnert.
Ich hätte eigentlich zu Beginn sagen sollen, daß ich noch nicht geboren bin, daß ich sehr langsam unter Ängsten in einem langwierigen und unterdrückten Prozeß entstehe. Mit ihrer Liebe fügen sie unbewußt meinem Embryodasein Schaden zu.
Ihre Vorstellung quält sich umständlich mit meiner Existenz, ungeschickte Hände möchten mich unbedingt formen, sie geben mir eine Gestalt, verwerfen sie aber wieder, da sie immer unzufrieden mit ihren Entwürfen sind.
Aber eines Tages, wenn sie zufällig meine wahre Gestalt finden, werde ich ihnen entweichen und mich lebensvoll selbst träumen können; sie werden sich trennen. Und ich werde die Frau verlassen und den Mann verfolgen. Ich werde mit flammendem Schwert an der Tür zu seinem Schlafgemach Wache halten.

Der Mörder

Ich kann schon nichts anderes mehr tun als an meinen Mörder denken, an diesen unvorsichtigen, schüchternen Jungen, der sich mir vor kurzem am Ausgang der Pferderennbahn in einem Augenblick näherte, in dem er von meinem Leibwächter in Stücke gerissen worden wäre, noch bevor er überhaupt den Saum meiner Tunika hätte berühren können.

Ich fühlte seine Nervosität ganz nah. Sein Vorhaben bäumte sich wie ein wütendes Vierergespann in ihm auf. Ich sah seine Hand, die nach dem verborgenen Dolch griff, aber ich half ihm, von seinem Plan abzulassen, indem ich einen anderen Weg einschlug. Er lehnte sich an eine Säule, weil ihm die Kräfte versagten.

Mir scheint, als habe ich ihn schon öfters gesehen; sein reines Gesicht inmitten dieser abgestumpften Menge ist unvergeßlich. Ich erinnere mich, daß eines Tages ein Koch aus meinem Palast hinter dem jungen Mann herlief, der mit einem gestohlenen Messer entkam. Ich möchte schwören, daß dieser Junge der unerfahrene Mörder ist, und daß ich durch eine Waffe sterben werde, mit der die Köche das Fleisch schneiden.

An dem Tag, als eine Schar betrunkener Soldaten, nachdem sie den Leichnam Rinometos durch die Straßen geschleift hatten, in mein Haus eindrang, um mich zum Kaiser auszurufen, begriff ich, daß die Würfel gefallen waren. Ich beugte mich meinem Schicksal, entsagte einem Leben in Reichtum, Laster und Verweichlichung und verwandelte mich in einen willfährigen Henker.

Nun bin ich an der Reihe. Dieser junge Mann, der meinen Tod in seiner Brust hegt, bringt mich mit seinem unaufdringlichen Verfolgen zur Verzweiflung. Ich sollte

dem Vorsichtigen helfen, sich zu entscheiden. Unser Zusammentreffen muß bald stattfinden, noch bevor der Usurpator auftritt und ihm zuvorkommt, um mich eines unwürdigen Tyrannentodes sterben zu lassen.
Heute abend werde ich allein in den kaiserlichen Gärten spazierengehen, gebadet und parfümiert. Ich werde eine neue Tunika anlegen, und ich werde dem Mörder, der hinter einem Baum zittert, entgegengehen.
Im schnellen Zücken des Dolches werde ich blitzartig sehen, wie sich meine dunkle Seele erhellt.

Autrui

Montag: Ich setze die systematische Verfolgung dieses Unbekannten fort. Ich glaube, er heißt Autrui. Wann er angefangen hat, mich einzusperren, weiß ich nicht. Vielleicht schon zu Beginn meines Lebens, ohne daß ich es gemerkt hätte. Um so schlimmer!
Dienstag: Heute bin ich ruhig in der Stadt spazierengegangen. Da fiel mir plötzlich auf, daß ich meine Schritte durch unbekannte Viertel lenkte. Die Straßen schienen sich unter dem Willen Autruis zu einem Labyrinth anzuordnen. Am Ende befand ich mich in einer Sackgasse.
Mittwoch: Mein Leben ist auf einen kleinen Ausschnitt innerhalb eines armseligen Viertels beschränkt. Es hat keinen Zweck, ausbrechen zu wollen. Autrui lauert mir an allen Ecken auf, in der Absicht, mir den Zugang zu den Hauptstraßen zu versperren.
Donnerstag: Ich fürchte mich davor, daß ich jeden Augenblick mit meinem Feind allein sein könnte, Auge in Auge. Wenn ich in meinem Zimmer bin, das ich hinter mir abschließe, um ins Bett zu gehen, spüre ich beim Ausziehen den Blick Autruis auf mir.
Freitag: Den ganzen Tag bin ich zu Hause geblieben und war unfähig, auch nur das Geringste zu tun. In der Nacht hat mich etwas sanft umzingelt, so etwas wie ein Ring, kaum gefährlicher als ein Faßreifen.
Samstag: Ich bin in einem sechseckigen Futteral aufgewacht, das nicht größer als mein Körper ist. Ich brachte nicht den Mut auf, gegen die Wände zu schlagen, weil ich dahinter noch weitere sechseckige Räume vermute, die auf mich warten. Ohne Zweifel ist meine Eingrenzung das Werk Autruis.

Sonntag: In meiner Zelle eingezwängt, fange ich langsam an, mich aufzulösen. Ich sondere eine dicke, gelbliche Flüssigkeit ab, die trügerisch schimmert. Niemandem rate ich, mich mit Honig zu verwechseln . . .
Niemandem natürlich, außer eben Autrui.

Grabschrift

Hommage für Marcel Schwob

Er hatte mit einem Steinwurf dem nichtswürdigen Leben Philipp Sermoyses, eines schlechten Klerikers und eines noch schlechteren Freundes, ein frühzeitiges Ende gesetzt. Er hatte seinen Teil an der Beute von 200 aus dem Kolleg von Navarra gestohlenen Escudos, und zweimal hatte er schon den Strick um den Hals. Doch beide Male ließ sich die Gnade des guten Königs Karl* dazu herab, ihn aus dem dunklen Verlies zu erretten.
Betet für ihn. Er wurde in einer bösen Zeit geboren, als Hunger und Pest die Stadt Paris heimsuchten, als der Schein des Scheiterhaufens der Jungfrau von Orleans auf schmerz- und spottverzerrte Gesichter fiel, und als englische Wörter die Sprache des Pöbels spickten.
Im fahlen Licht des winterlichen Mondes sah er Wolfsrudel bis zum Pantheon vordringen. Und er selbst war auch so ein räudiger, abgemagerter Wolf, den jemand mitten in der Stadt losgelassen hatte. Er stahl Brot, wenn er Hunger hatte, und angelte sich gebratene Fische aus den Pfannen der Marktfrauen.
Er war in einer bösen Zeit geboren worden. Horden von Kindern zogen singend durch die Straßen und bettelten um Brot. Bettler und Kranke lagerten in den Schiffen von Notre-Dame, gingen sogar vor bis in die Sakristei und störten den Gottesdienst.
Kirchen und Bordelle waren seine Zufluchtsstätten. Sein Onkel, der alte Domherr, gab ihm seinen guten Namen, und die dicke Margot ihr goldgelbes Brot und ihren abstoßenden Körper. Er besang die unglückliche alte

* eigentl. Ludwig IX.

Elmira und die spröde Kathrin; demütig pries er die Jungfrau Maria durch den Mund seiner Mutter. In einem verblichenen Teppich schritten die schönen Damen vergangener Zeiten in großem Aufzug durch seine Verse, gefolgt von einem resignierenden, wehmütigen Refrain. Zwischen Spaß und Trauer vermachte er in seinem Testament allen etwas. Wie ein Jahrmarktschreier stellte er offen die Schätze und den Plunder seines Innern zur Schau.

Selber kahl und kraftlos wie eine Winterrübe, liebte er Paris, die heruntergekommene und verarmte Stadt. Er lernte die Wissenschaft von den menschlichen und göttlichen Dingen in der Obhut des berühmten Robert de Sorbonne, und er erhielt dort den Magistertitel.

Aber er verstrickte sich in immer tieferes Elend. Er erlebte Winter ohne Wärme, Eingekerkertsein ohne Freunde, nagenden Hunger auf seinem Weg durch Frankreich. Seine Weggenossen waren Diebe, Raufbolde, Deserteure, Falschmünzer, alle von der Justiz verfolgt oder ins Jenseits befördert.

Er lebte in einer bösen Zeit. Mit seinem dreißigsten Lebensjahr verlor sich seine Spur im Dunkeln. Von Hunger und Mühsal gehetzt, flüchtete er wie ein Wolf, der seinen Tod spürt und die dunkelste Tiefe des Waldes sucht. Betet für ihn.

Das Liebeslied des Aristoteles

Auf der Wiese tanzt die Muse des Aristoteles. Der alte Philosoph blickt von Zeit zu Zeit hin und betrachtet einen Augenblick lang den jugendlichen, perlmuttfarbenen Körper. Seinen Händen entgleitet die knisternde Papyrusrolle, und das Blut pulst schnell und heiß durch seinen gebrechlichen Körper. Die Muse tanzt weiter auf der Wiese und entwickelt vor seinen Augen eine komplizierte Handlung aus Linien und Rhythmus.

Aristoteles denkt an den Körper eines Mädchens auf dem Markt von Stagira, einer Sklavin, die er nicht kaufen konnte. Er erinnert sich auch daran, daß ihn seither keine andere Frau so verwirrt hat. Aber jetzt, da sich sein Rücken schon unter der Last des Alters beugt und sich seine Augen schon mit Schatten füllen, raubt ihm die Muse Harmonia die Ruhe. Vergebens stellt er ihrer Schönheit nüchterne Meditationen entgegen; sie kehrt immer wieder zurück und beginnt ihren schwerelosen, inbrünstigen Tanz von neuem.

Da hilft es nichts, daß Aristoteles das Fenster schließt und seine Schrift mit einer schwachen Öllampe erhellt: Harmonia tanzt in seinem Kopf weiter und bringt Unordnung in den gelassenen Gang der Gedanken, in dem Licht und Schatten ineinanderlaufen wie strudelndes Wasser.

Die Wörter, die er schreibt, verlieren den ruhigen Ernst der dialektischen Prosa und brechen sich in klingenden Jamben. Auf Flügeln eines geheimen Windes kehren kräftig und voll ländlicher Frische die Wendungen seines Jugenddialekts in sein Gedächtnis zurück.

Aristoteles läßt seine Arbeit liegen und geht hinaus in den Garten, der sich ihm wie eine einzige Blume öffnet, die im Frühlingstag erglänzt. Er atmet tief den Duft der Rosen ein und wäscht sein altes Gesicht in der Frische des morgendlichen Wassers.

Vor ihm tanzt die Muse Harmonia ihren nie endenden Fries, ihr Labyrinth flüchtiger Formen, in dem sich der menschliche Verstand verwirrt. Da läuft Aristoteles plötzlich mit unvermuteter Leichtigkeit hinter der Frau her, die fast beflügelt flieht und sich im Wald verliert.

Der Philosoph kehrt am Ende seiner Kräfte und schamerfüllt in seine Klause zurück. Er verbirgt den Kopf in den Händen und beweint im stillen den Verlust seiner Jugendlichkeit. Als er wieder aus dem Fenster blickt, nimmt die Muse ihren unterbrochenen Tanz wieder auf. Unversehens beschließt Aristoteles, eine Abhandlung zu schreiben, die den Tanz der Harmonia zerstören soll, indem sie ihn in all seine Bewegungen und Rhythmen zerlegt. Demütig nimmt er die gebundene Form als eine unausweichliche Bedingung hin und beginnt, sein Hauptwerk zu schreiben, die Abhandlung *Über die Harmonie*, die auf dem Scheiterhaufen Omars verbrennen sollte.

Solange er an ihr arbeitete, tanzte die Muse für ihn. Als er den letzten Vers geschrieben hatte, löste sich die Vision auf, und die Seele des Philosophen ruhte für immer, befreit vom spitzen Stachel der Schönheit.

Aber eines Nachts träumte Aristoteles, er ginge im griechischen Frühling auf allen Vieren durchs Gras, und die Muse ritte auf ihm. So schrieb er am nächsten Tag folgendes an den Anfang seines Manuskripts: »Meine Verse sind ohne Geschick und ohne Anmut, wie der Gang des Esels. Aber die Harmonie reitet auf ihnen«.

Der Verdammte

Wochenlang kamen bei mir zu Hause Provinzzeitschriften und Zeitungen aus Mexiko an, in denen lange, ausführliche Berichte über meinen Tod standen.
Enrique González Martínez
El hombre del búho, XVI, 147–148

Beim Lesen der Nachricht von seinem Tod überkam mich die poetische Eingebung. Sofort entstand der Entwurf zu *Der Auserwählte der Götter*, und ich konnte die ersten drei Oktaven umreißen. Die Poesie lag einladend vor mir wie ein breiter, ebener Weg, der sich von meinem Herzen aus ins Unendliche öffnete.
Am Tag darauf fiel mein gerade erst begonnenes Gedicht in sich zusammen, da es ihm an Wahrheit mangelte. Der Totgeglaubte war so lebendig wie ich und gebot meinem Glück Einhalt.
Seither kämpfte ich mit ungleichen Waffen, immer im Nachteil. Doch wenigstens einmal konnte ich es mit meinem Gegner in einem außergewöhnlichen Duell aufnehmen. Der Kampfplatz war das Album von Maria Serafina, und das unbeugsame Akrostichon die Waffe. Mein Widersacher scheiterte im fünften Vers. Ein paar vergilbte Seiten bewahren das unvollendete Gedicht, gefolgt von meinem siegreichen dreifachen Akrostichon.
Zehn Jahre nach diesem Sieg veröffentlichten die Provinzblätter die Nachricht von meinem Tod, was betrüblicherweise der Wahrheit entsprach. Das waren zehn Jahre Kampf aus dem Hinterhalt gewesen, aus immer weiter entfernten Schützengräben, während mein erfolgreicher Rivale Lorbeeren erntete. Aus dieser Zeit kann

ich mit Stolz nur das *Hochzeitsgedicht* für Maria Serafina – leichtes Wanken der Ritterlichkeit, die der Verbitterung zum Opfer gefallen ist – und die Strophen der Schulhymne *Vorwärts* anführen, die tagtäglich von nichtsahnenden Kehlen verhunzt werden.
Mein Rivale verkannte meine wirkliche Größe, und das Schicksal bewahrte ihn vor jeder Gefahr, denn sein Tod wäre die notwendige Voraussetzung für den *Auserwählten der Götter* gewesen, zweifelsohne ein Meisterwerk.
Jeden Morgen kommen die Engel und lesen mir Gedichte meines hartnäckigen Gegners vor, damit ich seinen Ruhm anerkenne. Nach beendeter Lesung und bevor ich überhaupt ein Urteil fällen kann, legt mir die Erinnerung an das unvollendete Akrostichon im Poesiealbum der Maria Serafina eine gegen ihn gerichtete Meinung in den Mund. Dann stürzen die Engel kopfüber hinunter, um neue Gedichte zu holen.
Das geht nun schon seit etwa vierzig Jahren so. Mein schlichter Sarg ist schon ziemlich angegriffen. Die Feuchtigkeit, der Holzwurm und der Neid zerstören ihn, während ich immerzu die Größe eines Dichters, der mich als Unsterblicher bedroht, in Frage stelle und verneine.

Betrachtungen eines Nachtragenden

Nachdem ich vor dem Schauspiel ihres lasziven Glücks geflohen bin, falle ich wieder in die Einsamkeit zurück. Eingepfercht in meine vier Wände kämpfe ich vergeblich gegen das widerliche Bild an.
Ich setze auf ihr Unglück und spioniere bis in alle Einzelheiten ihr Zusammenleben aus. An jenem Abend lief ich Hals über Kopf davon, ich, der störende, lästige Dritte. Sie bildeten vor meinen Augen ein Paar. Heftig und hinterlistig vereinten sie sich, wollüstig und geil in ihrer vertraulich-ehelichen Umarmung.
Als ich mich verabschiedete, fiel es ihnen schwer, ihre Eile zu verbergen: Sie zitterten vor der aufgestauten Erwartung ihres Alleinseins. Die beiden stießen mich aus ihrem falschen Paradies hinaus, wie einen Gast, der sich schlecht benimmt. Ich aber krieche immer wieder zu ihnen zurück. Und wenn ich die erste Geste des Ekels, die ersten Anzeichen des Überdrusses und der Traurigkeit erspüre, werde ich mich aufrichten und lachen. Dann werde ich die unerträgliche Last des fremden Glücks von meinen Schultern schütteln.
Viele Nächte verbringe ich in der Hoffnung, daß ihr Glück fault. In das lebendige und wohlriechende Fleisch der Liebe dringen die Würmer zielstrebig ein. Aber noch haben sie viel zu zerfressen, bevor es zu Staub zerfällt und es irgendein Windhauch aus meinem Herzen wehen kann.
Ich sah ihren Geist in jenem verhaßten Sturm, der einen Bodensatz elenden Unrats zutage brachte. Trotzdem könnte ich ihr heute noch sagen: Ich kenne dich. Ich kenne dich und ich liebe dich. Ich liebe den grünlichen

Bodensatz deiner Seele; denn ich kann in ihm tausend trübe Kleinigkeiten finden, die unversehens in meinem Geiste leuchten.
Von ihrem imitierten Kleopatra-Bett aus bittet und befiehlt sie. Eine dichte, schwüle Atmosphäre umgibt sie. Nach endlosen Fahrten strandet die Schläferin schließlich im Sand des Mittags.
Ehrerbietig und unterwürfig hilft ihr der treue Sklave aus ihrer purpurfarbenen Venusmuschel an Land. Vorsichtig löst er sie aus ihrem Austernschlaf. Der junge Mann, ihr getreuer Schatten, den leichte Wolken von Weihrauch umnebeln, steht ihr bei dem monotonen Ritual ihrer ungesunden Trägheit zur Seite. Manchmal wird sie auf hoher See wach, und sie sieht dann die Umrisse des jungen Mannes verschwommen im Dunkeln am Strand. Dann denkt sie, daß sie ihn träumt, und taucht wieder unter ihre Bettücher. Er sitzt auf dem Bettrand, atmet verhalten. Wenn die Geliebte tief schläft, erhebt sich die treue Erscheinung und verschwindet wirklich, verwelkt und melancholisch, in den verlassenen Straßen des frühen Morgens. Aber zwei oder drei Stunden später steht er wieder zu Diensten.

Der junge Mann verschwindet melancholisch in den menschenleeren Straßen, aber ich bin da, schlaflos sitze ich wie die Kröte in der Tiefe eines Brunnens. Ich renne mit der Stirn gegen die Mauer der Einsamkeit und erkenne in der Ferne das träge, gestaltlose Paar. Sie driftet gleichmässig durch einen Schlaf, den ihr Betäubungsmittel brachten. Und er rudert still und schlaflos an den Strand, er tut es so sanft und vorsichtig wie jemand, der einen Schatz in einem lecken Boot befördert.

Ich liege hier, tief in die Nacht abgesenkt wie ein Anker zwischen den Felsen am Meeresgrund, aber ohne Schiff, das mich hält, und über mir häuft das bittere Meer seinen zersetzenden Schlamm an, seine Schwämme aus grünen Salzen, die harten Zweige seiner bösartigen Pflanzenwelt. Saumselig halten die beiden das voraussehbare Ende hin und zögern es hinaus. Der Teufel des Nichtstuns hat Besitz von ihnen ergriffen, und ich erleide in banger Erwartung Schiffbruch. Viele Nächte sind vergangen, und in der abgekapselten, intimen und schwülen Atmosphäre des Raumes läßt sich der deutliche Geruch der Ausschweifung nicht erkennen, sondern nur eine gewisse süßliche Ausdünstung wie von Anis und ein abgestandener Geruch wie von schwarzen Oliven.

Der junge Mann dämmert in seinem Winkel vor sich hin, bis auf neue Weisung. Sie schaukelt in ihrer Gondel, in einen Nebel von Narkotika gehüllt. Sie klagt, ständig klagt sie. Der junge Hausarzt neigt sich beflissen zu ihr hinunter und horcht ihr Herz ab. Sie lächelt unbeschreiblich sanft – wie die Heldin im dritten Akt, wenn sie stirbt. Ihre Hand fällt entkräftet in die Hände des erotischen Galan. Dann erholt sie sich wieder, zündet das Räuchergefäß mit Aromastäbchen an, läßt sich den von Schuhen und Kleidern überquellenden Schrank öffnen und macht sich daran, ihre alltäglichen Kleidungsstücke eins nach dem anderen gedankenverloren herauszusuchen.
Währenddessen unternehme ich verzweifelte Anstrengungen, mich auf dem Felsen, wo ich gestrandet bin, bemerkbar zu machen. Ich kreise in der Spirale der Schlaflosigkeit. Ich flehe die Dunkelheit an. Langsam wie ein Bussard, streiche ich durch die nicht endenwollende

Nacht. Doch sie schieben den Schlußakt, das vorhersehbare Ende, hinaus.
Von ferne begleitet sie meine Stimme: Ich singe immer wieder dieselben Litaneien von vergeblicher Liebe, und das bleiche Morgengrauen sieht mich immer wieder erschöpft und ausgelaugt, den Mund voll blinder, vergifteter Worte.

(*Für Antonio Alatorre*)

Jahrmarkt

Fragmente

Maisfabel

Juan Tepano, Primera Vara genannt, weil er mit der Kirche zu tun hat, arbeitet mit all seinen Leuten auf dem Felde. Mit all seinen Leuten, die Landbesitzer sind, die es aber von früh bis spät für andere bearbeiten. Sie hoffen, daß sie es vom nächsten Jahr an auf eigene Rechnung bestellen werden.
Juan Tepano, Primera Vara, ist guter Laune und sagt Verse und alte Sprüche vor sich her. Bruchstücke von Hirtengedichten. Dann tanzt er ein paar Takte aus einem Kinderreigen. Und als er sieht, wie Layo mit seinem Gewehr gerade auf einen Raben anlegt, rügt er ihn.
Die Raben fliegen in Höhe der Furchen über die neu eingesäten Felder. Sie krächzen. Sie setzen sich und picken in der Erde herum, als suchten sie etwas.
– Schieß nicht auf Raben, Layo. Erschreck sie nur. Es sind Christen wie wir und tun den jungen Maispflanzen kein Leid an. Sie suchen nur rastlos zwischen den Furchen. Sie suchen Maiskörner. So als wüßten sie, wo sie sie vergraben haben, aber dann vergessen sie es wieder.
Es ist Essenszeit, und die Tagelöhner stehen am Feuer und wärmen ihre Mahlzeit auf. Der eine legt ein Stück geräuchertes Dörrfleisch auf die Glut, der nächste ein paar Innereien, um die Maisfladen etwas zu beleben. Im Schatten eines Tacamobaums essen sie langsam, während die Ochsen zur Tränke gehen und sich dann unter einen Baum legen.
– Erschreck sie nur, aber schieß nicht auf sie. Die Raben sind wie du und ich. Reumütig sind sie und ständig auf der Suche nach dem, was sie auf ihrem Flug verschluckten, als sie in der Nacht mit einem Maiskorn im Schnabel angeflogen kamen. Arme Schlucker, sie sind schuldlos

daran, daß sie in Versuchung fielen. Ihr werdet euch nicht mehr daran erinnern, aber es waren die Raben, die den Mais wieder nach Zapotlán brachten, als die Leute von Sayula, Autlán, Amula und Tamazula ihn uns weggenommen hatten. Alle kamen und nahmen uns den Mais weg. Aus lauter Neid, weil er hier besser gedieh als dort. Hier wächst er besser als überall sonst, und deswegen heißt unsere Gegend Tlayolán, was so viel heißt wie: der Mais gibt uns Leben. Aber alle unsere Nachbarn kämpften gegen uns. Zuerst nahmen sie uns das Salz, und dann schleppten sie die Maiskolben weg, restlos, ohne auch nur ein Korn für die Saat zu lassen. Sie umzingelten uns in der Ebene und bewachten alle Zugänge, damit niemand näherkommen konnte. Und folglich nannte sich Tlayolán von jetzt Tzapotlán, denn wir aßen ja keinen Mais mehr, sondern Sapoten, Breiäpfel, Zuckerbirnen, Kürbisse und Mezquiten. Maisentwöhnt, taugten wir nicht mehr für den Krieg. Aber wir hatten einen König, und sein Nahual war ein Rabe. Er nahm die Gestalt eines Raben an, wann immer er wollte, und er war mit den ursprünglichen Kräften der Götter Topiltzin und Ometecutli ausgestattet. Unser König wurde Rabe, flog zu den fremden Saatfeldern und mischte sich unter die Raben von Sayula, Autlán, Amula und Tamazula. Er sah, daß alle von unserem Mais lebten. Und da seine Tiermaske der Rabe war, wußte er, daß Raben Dinge suchen und verstecken. Und da er über die alten Kräfte von Topiltzin und Ometecutli verfügte, lehrte er uns alle, wie wir wieder zu Raben würden. Eines Tages reinigten wir also unsere Länder von Wicken, Kriechwurz und anderem Unkraut. Wir säuberten und bearbeiteten das Land, so als hätten wir Mais für die Aussaat. Und als der Regen begann, gegen Abend, da wurden wir zu Raben und holten den Mais, den die Leute von Sayula, Autlán,

Amula und Tamazula gesät hatten. Jeder von uns brachte sein Korn im Schnabel zurück und versteckte es in der Erde von Zapotlán. Aber da es mühsam war, die Maiskörner zu finden, und da wir alle gern Mais essen wollten, sagte unser Rabenkönig, daß alle, die auf dem Weg ihr Maiskorn verschluckten, auf immer Raben bleiben würden, fliegend und krächzend zwischen den Furchen und auf immer damit beschäftigt, den eingegrabenen Mais zu suchen. Viele von uns konnten der Versuchung nicht widerstehen und verschluckten das Korn, statt es in unsere Erde zu säen. Und sie wurden nie wieder Menschen wie wir . . .

– Schieß nicht auf die Raben, Layo. Sie brachten uns den Mais nach Zapotlán zurück. Und die, die der Versuchung nicht widerstanden, trifft keine Schuld. Sie wollten mal wieder etwas anderes essen als immer Sapoten, Breiäpfel, Zuckerbirnen, Kürbisse und Mezquiten, von denen sie die Nase voll hatten. Deshalb müssen sie immer noch über die Felder fliegen.

Als die Leute von Sayula, Autlán, Amula und Tamazula sahen, daß wir Mais ernteten, ohne gesät zu haben, denn wir hatten ja kein Saatgut, während sie gesät hatten ohne ernten zu können, schlossen sie Frieden mit uns und ließen uns zu den Lagunen von Zacoalco gehen, um Salz zu holen . . .

In diesem Jahr ist Juan Tepano, Primera Vara, zufrieden, als wenn man ihm und den Seinen schon das Land zurückgegeben hätte. Er trällert ein Tagelöhnerlied, sagt Gedichte und alte Sprüche her. Er tanzt einige Schritte. Während des Essens erzählt er eine Geschichte. Und als ein Rabe krächzend über das erloschene Feuer fliegt, sagt er lachend, wobei er die Hand über die Augen legt: – Schau, Layo, da fliegt ein Christ . . .

Alejandrina

Die Dichterin Alejandrina kam aus Tamazula, wohlversehen mit Informationen und Auskünften über fast alle von uns. Sie kam genau im richtigen Moment, als wir uns schon alle im Athenäum versammelt hatten und das Festmahl des Geistes erwarteten.
Ungezwungen betrat sie den Raum und grüßte uns wie alte Bekannte; für alle hatte sie ein freundliches und passendes Wort. (Unsere beiden anwesenden weiblichen Mitglieder konnten, ein wenig verwundert und beunruhigt, ihre Überraschung nicht verbergen.) Ein starker, verwirrender Moschusduft durchzog den Raum. Beim Einatmen fühlten wir uns alle von einer Welle der Sympathie eingehüllt, als sei dieser Wohlgeruch die reine Ausdünstung von Alejandrinas Geist. (Die Unruhe unserer weiblichen Mitglieder nahm sichtlich zu; in ihnen schien das Parfum eine gegenteilige Wirkung zu erzielen, und ihre Flucht war, ob kurz oder lang, vorherzusehen.)
Wegen der ungezwungenen Natürlichkeit all ihrer Bewegungen, Gesten und Worte wäre es am einfachsten, Alejandrina mit einer Schauspielerin zu vergleichen. Aber die Rolle, die sie vor uns spielte, war sie selbst, ohne Zweifel auswendig gelernt, aber voll von nicht versiegenden, glücklichen Improvisationen. Als sie sich beispielsweise mir zuwandte, der ich ja nicht mehr der Jüngste bin und weit davon entfernt, ein Adonis zu sein, sagte sie im passenden Augenblick: »Sie sind einsam und für ihre Einsamkeit gibt es kein Heilmittel. Darf ich Ihnen ein Weilchen Gesellschaft leisten?« Sie ließ ihre Hand in meiner, während sie mir fest in die Augen schaute. Ich hätte mir gewünscht, mit ihr allein zu sein, um den flüchtigen Vogel, dem ich vergeblich ein Nest in meinem

Herzen anbot, am Fliegen zu hindern. Glücklicherweise befand ich mich in einem fremden Haus, und meine Frau begleitet mich nie zu den Sitzungen des Athenäums.
Sie trug ihren Gedichtband in der Hand, sagte aber, daß sie auf keinen Fall die vorgesehene Reihenfolge unserer Lesungen und Kommentare stören wollte. (Als sie ankam, schickte ich mich gerade an, mein bukolisches Gedicht »Maisfabel« vorzustellen, was natürlich auf eine andere Gelegenheit verschoben wurde.) Einstimmig flehten wir sie an, Platz zu nehmen und aus ihrem Buch vorzulesen. (Ohne die anwesenden weiblichen Mitglieder beleidigen zu wollen, sei bemerkt, daß das Athenäum zum ersten Male den Besuch einer wahren Muse empfangen hatte. Als sie mit der Lektüre begann, stellten wir alle mit Entzücken fest, daß diese Muse nur Erato sein konnte.)
Trotz der tiefen Geistigkeit Alejandrinas strotzt ihre Poesie vor Sinnlichkeit. Während der Lesung spürten wir, daß ein Engel durch ihren Mund sprach, aber – wie soll ich es sagen? – ein Engel aus Fleisch und Blut, mit einer tiefen Altstimme voll sinnlicher Nuancen. Zweifellos hat Alejandrina alle ihre Verse im Kopf, aber immer hat sie das aufgeschlagene Buch vor sich, und beim Umblättern macht sie eine Pause, die einen in Atem hält, während ihre Fingerspitzen sanft über den Rand der Seite gleiten ...
Manchmal blickt sie unvermittelt vom Buch auf und fährt im Vortrag fort, so als läse sie, ohne zu deklamieren, weiter, die Augen auf einen in der Runde gerichtet, dem sie so etwas wie eine nur für ihn bestimmte, vertrauliche Mitteilung macht. Diese Eigenart Alejandrinas verleiht ihren Lesungen einen sehr intimen Charakter, denn, obwohl sie für alle liest, fühlt sich jeder einzelne durch ein tiefes und verborgenes Band an sie gefesselt. Das ließ

sich sehr leicht an den Mitgliedern des Athenäums feststellen, die von Anfang an ihre Stühle im engen Kreis um Alejandrina schoben, und die, da ihnen diese Nähe noch nicht genügte, sich ihr immer mehr entgegenstreckten, so daß sie kaum noch ihre Sitze berührten und fast in der Luft zu schweben schienen.

Ich saß ihr genau gegenüber, und wahrscheinlich habe ich es diesem Umstand zu verdanken, daß mich Alejandrina während der Lesung des öfteren mit nur mir geltenden Blicken bedachte. Wie dem auch sei, es entspann sich von Anfang bis Ende der Lesung ein Dialog zwischen ihr und mir, und mehrfach erinnerte ich mich noch an ihre Worte, die sich auf meine Einsamkeit als Träumender bezogen. Jedesmal, wenn das passierte, mußte ich unwillkürlich an meine Frau denken, die zu dieser vorgerückten Stunde schlafen und tief atmen würde, während ich der himmlischen Musik lauschte . . .

In der Mitte des Vortrags, als der Ton der Gedichte immer intimer wurde – Alejandrina beschrieb gerade detailliert die Reize ihres nackten Körpers –, zogen sich unsere beiden weiblichen Mitglieder, die die Zeichen ihrer Verlegenheit nicht mehr verbergen konnten, diskret zurück und führten die vorgerückte Stunde zu ihrer Entschuldigung an. Da Virginia und Rosalía sich nicht mit einem Händedruck verabschiedeten, wurde die Unterbrechung kaum wahrgenommen, und niemandem fiel es ein, sie bis nach Hause zu begleiten, was wir normalerweise taten. Ich werfe mir diesen Mangel an Ritterlichkeit vor und entschuldige mich hiermit für uns alle . . . Wer hätte sich schon »Mit Dir im Mondenschein«, den herrlichen Sonettenzyklus, entgehen lassen wollen?

Als Alejandrina ihr Buch schloß, kostete es uns Mühe, in die Wirklichkeit zurückzufinden. Wie aus einem Munde fragten wir, wo wir Exemplare von *»Blumen aus meinem*

Garten« erwerben könnten. In aller Einfalt antwortete Alejandrina, daß in ihrem Hotelzimmer so viele Exemplare zu unserer Verfügung stünden, wie wir wünschten. Und so offenbarte sich uns das Geheimnis der Muse.
Von einer Autofirma gefördert, verstreut Alejandrina seit einigen Jahren die Blumen ihres Gartens über das gesamte Land. Sie verkauft außerdem eine Gesichtscrème, deren geheimnisvollen Ingredienzien sie die Schönheit ihrer Haut verdankt. Weder der Lauf der Jahre noch die nächtlichen literarischen Sitzungen und der Staub der Straßen haben der unvergleichlichen Geschmeidigkeit ihrer Haut das Geringste anhaben können.

Trotz ihres ungezwungenen Naturells und ihrer offenkundigen Fähigkeit, Wohlwollen und Sympathie zu gewinnen, verläßt sich Alejandrina nicht auf sich selbst, um den Erfolg ihrer Unternehmung sicherzustellen. Überall, wo sie hinkommt, sucht sie immer Gönner, die sich für sie verwenden, meistens einen Herrn und eine Dame.
Heute morgen kam sie sehr frühzeitig zu mir nach Hause, und zur großen Überraschung Mathildes bat sie mich, mit zu Virginia zu gehen. Sie hatte uns beide zu ihren Gönnern auserwählt, die sie in die großen Kauf- und Privathäuser einführen sollten, wo sie ihre Produkte, das Buch und die Crème, unter die Leute zu bringen gedachte.
Zum Glück sagte Virginia zu, nachdem sie sich zunächst geziert hatte. Der Erfolg unserer Verkaufskampagne war wirklich wunderbar. Ich bin ziemlich erschöpft, aber dennoch zufrieden. Auch ist es mir gelungen, die Enttäuschung vollständig zu überwinden, die die Händleraktivi-

täten Alejandrinas anfänglich in mir hervorriefen. Da gab es niemanden, der nicht etwas gekauft hätte. Männer wie Don Salva, der noch nie einen Gedichtband in die Hand genommen hat, und Frauen wie Vicentita, die schon längst über die Zeit der Eitelkeit hinaus waren, zögerten nicht einen Moment, *Blumen aus meinem Garten* und die verjüngende Crème zu kaufen. Und so gingen wir von Tür zu Tür, verkauften Nahrung für den Geist und die Haut ... Mehr als einmal hat man uns schräg angeschaut ...

Muß ich noch hinzufügen, daß alle Mitglieder des Athenäums inzwischen ihren Gedichtband mit mehr oder weniger herzlichen Widmungen besitzen? Was mich betrifft, so kaufte ich noch zwei Töpfchen von der Crème, die ich meiner Frau schenkte, um allen Vorwürfen zuvorzukommen, die sie mir wegen meines Eifers, mit dem ich mich für die Dichterin einsetzte, machen könnte.

Ein wenig mehr über Alejandrina. Um sie zu charakterisieren, müßte ich auf verschiedene kostbare Gegenstände zurückgreifen: auf eine Vase aus Sèvres, auf einen Pfirsich, einen Paradiesvogel, ein Samtfutteral, auf eine mit lachenden Perlen gefüllte Perlmuttmuschel ...

Ich wage nicht, ihr Alter zu schätzen. Meine Frau sagt, sie habe die vierzig schon überschritten, aber sie halte sich mit Hilfe der Crème sehr gut. (Mathilde hat sie drei- oder viermal aufgetragen und war vom Erfolg überrascht.) Für mich ist sie eine Frau ohne Alter, unvergleichbar ... Täglich wechselt sie die Kleidung, aber immer verwendet sie das gleiche Parfüm. Ihre Garderobe ist beachtlich. Ihre Kleider sehen so aus, als kämen sie aus einer Gobelinwerkstatt und nicht aus einer Nähstube,

und obwohl sie mit der Mode geht, hat sie etwas von den Damen früherer Zeiten an sich, gepolstert und wattiert, strahlend vor Glitzerwerk und Tand wie sie ist . . .
Auch die harte, tägliche Geschäftswirklichkeit (wir waren die Woche über zusammen als Verkäufer) konnte ihre Anziehungskraft auf mich nicht verringern. Jetzt gehen wir, sie und ich, alleine los, denn Virginia verzichtete nach dem dritten Tag auf unsere Kundenbesuche und Rosalía konnte uns nicht begleiten, weil sie im Büro arbeiten mußte.
Es ist schon merkwürdig, immer wenn ich mit Alejandrina von geistigen Dingen spreche, vergesse ich meine täglichen Geschäfte, und wenn ich neben ihr gehe, fühle ich mich wirklich in Begleitung. Beim Sprechen und Gehen ist sie unermüdlich, von so zarter Seele und so strapazierfähigem Körper.
Weil es uns gestern wieder einmal spät geworden ist, aß ich mit ihr im Hotel. Sie spricht feinem, erlesenem Essen mit außergewöhnlichem Appetit zu. Wenn sie satt und zufrieden ist, kehrt sie mit großer Begeisterung zum Thema Poesie zurück. Ich verbringe Stunden damit, sie anzuschauen und ihr zuzuhören. Nie ist mir die Gegenwart des Geistes in seiner fleischlichen Bedingtheit so deutlich geworden.
Vielleicht war es besser so. Als ich zu Alejandrinas Hotel kam, überreichte mir ein Hotelangestellter einen Brief und ein Päckchen.
Beim Öffnen des Umschlags zitterten meine Hände. Er enthielt nur eine Karte mit folgenden Worten: »Leb wohl, lieber Freund . . .«
In dem Päckchen war ein himmelblaues Samtfutteral. In ihm befand sich ein Stein ihres Namens. Ein herrlicher, runder Alexandrit, mit tausend irisierenden Facetten geschliffen . . .

Unfähig, in solch einem Gemütszustand nach Hause zurückzukehren, begann ich, niedergeschlagen und melancholisch durch die Straßen des Ortes zu irren. Vielleicht folgte ich unbewußt irgendeinem unserer unvergeßlichen Gänge, die uns zu Kunden und ins Vertrauen führten.
Als die Nacht hereinbrach, und ich auf einer Bank im Park saß, blieben meine Augen an einem Punkt hängen. Der Abendstern leuchtete zwischen den Wolken. Ich erinnerte mich an einige Verse, die ich, wer weiß wo, gelesen habe:

Und dann kommst du, Abendstern
Deinen geflügelten Thron
nimm zwischen uns ein ...

Niedergeschlagen kam ich zu Hause an, wo ein weiterer Brief und ein weiteres Päckchen auf mich warteten. In der unbeholfenen Schrift Mathildes war zu lesen: »Ich bin mit meinen Leuten nach Tamazula gegangen. Wenn du aufhörst, Dichterinnen zu begleiten, dann hol mich ab.« Das Päckchen enthielt die beiden Töpfchen mit der verjüngenden Crème. Eines noch unberührt, das andere angebrochen.
Nach so vielen Jahren schlief ich zum erstenmal allein. In dem unendlich leeren Haus fühlte ich mich wahrhaftig einsam.
Ich werde den Alexandrit wie eine kostbare Erinnerung behüten, aber gleich morgen gehe ich nach Tamazula, um Mathilde zu holen.

Palindrom

Die Widmung entfällt auf
persönlichen Wunsch

Are cada Venus su nevada cera

Starring all People

Für Cecil B. de Mille

Nachdem Efrén Hud in der Masse der Zuschauer bei einigen Szenen, die im Diesseits spielen, mitgewirkt hatte, verläßt er den Saal. Mit Spuren einer Würgschraube an der Hand entschuldigt er sich bei seinem Führer aus dem Jenseits mit einem Gefühl von Übelkeit. Der Führer stützt ihn mitleidvoll und bedauert sein Unwohlsein. Die erregte Masse johlt für den Schächer und gegen den Gerechten. *Ecce homo.* Nachdem Pilatus sich die Hände abgetrocknet hatte, schüttet er das schmutzige Wasser über die Menge aus und verflucht sie dabei leise. Hud weicht instinktiv den Spritzern aus und lehnt seine Mitarbeit in dem dreidimensionalen Dokumentarfilm ab. (Die vierte Dimension läßt noch auf sich warten.)

Unter dem Vorwand, er solle sich ein wenig ausruhen, bringt ihn der Führer heimlich zum Haus jenes Mannes, der auf Erden Jesus Christus war, als man uns durch Liebe zur Übergabe bewegen wollte. Während dem Reich Gottes Gewalt angetan wird, erreichen sie eine Art Chalet, Landhaus oder Datscha, die den Blick auf einen Bewässerungskanal freigibt, durch den gemächlich und sanft Wasser fließt. Der Schauspieler empfängt sie auf der Terrasse. Er mag dreißig Jahre alt sein, gut aussehend, friedlich und zurückhaltend. Wenn er spricht und sich dabei ereifert, entstellt Leidenschaft sein Gesicht. Er macht energische Gesten, seine Rede ist flüssig und fiebrig. Er hat die Prüfungen seit seiner Gefangennahme im Ölgarten freudig ertragen. Dennoch sieht er so sanft und verklärt wie ein Genesender aus. Er klagt über Schmerzen, verzögert seine Rede durch hinhaltende

Pausen und legt seine Hand in die Seite. Wenn er um sich blickt, strahlen seine Augen fast eine kindliche Unschuld aus, so als sähe er zum ersten Male die Gärten der Abenddämmerung:
– Nur allzu kurze Zeit konnte ich unter euch weilen – und an einem so unbedeutenden Ort ... Ich muß wiederkommen ... Natürlich muß ich wiederkommen! Aber nehmen Sie doch Platz, bitte ... Judas, komm, wir haben Besuch! Herr Hud, darf ich vorstellen
– Angenehm ....
– Kann ich Ihnen etwas anbieten?
– Danke. Im Kino fühlte ich mich nicht ganz wohl. Ich mußte rausgehen, ohne das Ende gesehen zu haben.
– Gut, daß Sie diesen Film nicht gesehen haben! Er ist unvollständig. Eigentlich kann man gar nicht von Film sprechen, obgleich ich ihn für den besten von allen halte. Beinahe hätte er mich das Leben gekostet. Aber noch fehlt der letzte Teil, und ich werde ihn zu Ende drehen. Die Ärzte haben mich schon gesund geschrieben. Ich warte nur noch auf die Einwilligung meines Vaters. Hände und Füße sind vollständig ausgeheilt, nur die Seite hier schmerzt noch immer. Sie wissen, der Lanzenstich, den mir dieser arme Schlucker von Statist versetzt hat ...... Wie hieß er noch? Aber es war nicht seine Schuld ...... Immer vergesse ich seinen Namen .....
– Longinus – .....
– Richtig, natürlich! Longinus ..... Die Lanze ist ihm aus den Händen geglitten. Richtig, ich erinnere mich, ohne es zu wollen, rieb er sich das Blut über die Augen. Mir ist, als sähe ich ihn vor mir. Er war wie geblendet. Der Ärmste, nicht weil ich es war, sondern weil er zum erstenmal in die untergehende Sonne hinter den Kreuzen schaute ...... Was für ein Stoß! Die Schergen drückten ihm die Lanze in die Hand und sagten: »Gib's ihm!« Er

stieß aus Leibeskräften zu, durchbohrte die äußerste Schicht und drang bis zum Herzen vor . . . . . Ich sollte für immer bei euch bleiben . . . . . Und dieser Verräter ließ mich im Stich. So sind die Freunde. Erinnerst du dich noch, Judas? Du warst gerade gegangen, um die Zeche zu bezahlen, dich zu amüsieren, in dem guten Glauben, daß mir keine Gefahr drohen würde, um Rotwein zu trinken, der weder Hochzeitswein noch mein Blut war . . . Nachdem du der Versuchung erst einmal nachgegeben hattest, gib's nur zu, da wolltest du den großen Mann spielen. Ich weiß nicht, ob zum Glück oder zum Unglück, aber du kamst genau im richtigen Moment an, nach dem Schwamm mit Galle und Essig . . . . . *Lamma sabactani.* Lassen Sie sich das nicht so nahe gehen, Herr Hud . . . . Alles war so herrlich, so herrlich . . . . Was für großartige Leute! Alle diese Leute vom Land, aus dem Gebirge und von der Küste. Handwerker, die Steine, Holz, gewöhnliche und edle Metalle bearbeiten. Die zerlumpten Söldner, die bis zum letzten Fünkchen Hoffnung würfeln, die Fischer, die nicht auf dem Wasser gehen können, und die Dorfhuren, die sich schlecht und recht für wenig Geld verkaufen, für ein bißchen Parfüm oder eine Handvoll Pistazien . . . . . . Wehe den Exarchen und Tetrarchen, den öffentlichen Anklägern, aber unter all diesen gibt es auch gute. Matthäus der Zöllner und jener unvergessene Mann aus Karpharnaum, ein Hauptmann in den Diensten des Imperiums . . . . . . ich bin nicht nachtragend. In meiner Erinnerung hat sich um alles ein intensiver, weit entfernter Wohlgeruch gelegt. Es ist der Duft, mit dem Maria Magdalena für immer meine Füße mit ihren Haaren trocknete, als ströme er aus ihrer noch zwischen Reue und Glut schwankenden Seele.

Die Sonne war schon untergegangen. Ihre letzten Strahlen entflammten das reine, spiegelnde Wasser des Kanals.

In der Dämmerung ähnelte das Profil des Schauspielers den Figuren Caravaggios. Himmelslinien ließen zwischen den Sternen fantastische Gebilde entstehen. Lange Zeit betrachtete er sie, dann aber sagte er melancholisch:

– Sie werden vor mir zurückkommen. Die Ärzte haben mich zwar gesund geschrieben, aber mein Vater ist noch nicht ganz mit mir zufrieden. Ich muß diesen Film zu Ende bringen. Es fehlen nur noch die letzten Szenen, die letzte Episode, die glücklich enden könnte, die glücklich enden muß, trotz der verflossenen Jahrhunderte und der tausendjährigen Schrecken. Aber was machen Sie denn da? Der erste Stein wurde schon geworfen .... Sehen Sie dort im Garten das Rund, wo alles Gras verbrannt ist? Wie von einem zürnenden Blitz getroffen, entzündete sich ein unseliger Gegenstand, fast zur Rechten des Vaters, wie man so schön sagt. Er fiel in den Garten, aber er hätte mir auch auf den Kopf fallen, ins Schwarze treffen können wie die Lanze des Longinus .... Nehmen Sie sich das nicht so sehr zu Herzen, Herr Hud; er war blind und wußte nicht, was er tat. Sehen Sie, manchmal trifft hier auch ein Stoßgebet ein, eine Seele fliegt geradewegs ohne anderen Treibstoff als das Feuer ihrer lebendigen Liebe und ohne anderen Antrieb als die blinde Sicherheit ihres Glaubens ..... Aber ich fühle mich vielen verpflichtet, jenen, die die Bürgschaft für meine Worte leisteten wie auch denen, die gegen den Fürsten der Welt setzten und alles verloren, was sie besaßen. Petrus wurde Opfer des wunderbaren Fischzugs, und was danach kommt, ist zur Genüge bekannt. Das Schiff lief ihm unter seinen Füßen davon, und sie kreuzigten ihn mit dem Kopf nach unten, wie einen Anker in der Tiefe. Verzeihen Sie mir, wenn ich vor Ihnen den Namen Gottes lästere, aber es wäre ihm besser ergangen, wenn er mich für immer verleugnet hätte ...

Aber immer noch läuft er mit seinem Starrsinn frei umher, den Felsen, den er auf seinen Schultern trägt, haben Wind und Salz geformt, über und über ist er mit den Exkrementen der Seevögel beschmutzt. Ein wanderlustiges Fundament für ein unerschütterliches Gebäude! Schauen Sie, wie er verzweifelt hin und her läuft und von der Nachhut aus um Frieden bettelt, denn das Ohr, das er mit seinem Schwert abgeschnitten hat, habe ich hinter dem Backenknochen von Malchus wieder anwachsen lassen . . . . . Aber dann später: Welch Maß an Eitelkeit hat in einem Menschen von der Tiara bis zu den mit Gold und Rubinen besetzten Sandalen Platz! Sehen Sie nur, wie sich die Dinge in Wirklichkeit verhalten. Ich trage einige dekorative Erinnerungen mit mir herum, beispielsweise jene Peitsche, die sie nicht kennen und die vergeblich auf dem Rücken der Händler aufknallt. Schade, daß ich nicht für immer geblieben bin! Die Wunde in meiner Seite ist noch frisch, und Leute wie Philippus warten weiter auf mich. Über die Heiligen Frauen möchte ich lieber nicht sprechen. Philippus ist ein Unbekannter, der mir von Anfang an folgte. In der Wüste verkaufte er Sodagetränke und kochte Seife aus tierischen Fetten und Salpeter für die tagelöhnenden Waschfrauen. Ahnungslos kreuzigten sie ihn, zuerst in Hierapolis, später in Nagasaki und schließlich noch die Gläubiger seines Heimatortes. Er nennt sich Philippus von Jesus und ist in allem gescheitert. Es gelang ihm nicht, die Gleichnisse auf das wirkliche Leben anzuwenden, weil er den übertragenen Sinn wörtlich nahm. Als Sämann verlor er auch das letzte der zehn Talente, die ich ihm zur Aufbewahrung gegeben hatte. Sein angegorener Fruchtwein kam nicht mehr an, weil er niemanden mehr beschwipst, und die Hausfrauen machen einen Bogen um Seife, die nach Talg und Widderfett riecht. (Unterdessen fiebert Johannes der

Evangelist in seinen vier Wänden seines Oberstübchens auf Patmos, schreibt Apokalypsen für den Hausgebrauch, und böswillige Engel nähren seine Schlaflosigkeit von Buch zu Buch. Oh diese Wunde in meiner Seite, die nicht zuheilen will! Mir scheint, als wäre es erst gestern gewesen, daß sie der ungläubige Finger des Thomas wieder geöffnet hat ..... Erst gestern auch sahen die betrunkenen und schläfrigen Soldaten, die das Grab bewachten, wie ich dank der tätigen Mithilfe des Judas, zu den durch mächtige Explosionen erleuchteten Wolken aufstieg .... In der Kürze der Zeit konnte ich mich nur noch von Maria Magdalena verabschieden .... Nach ihr sah mich niemand mehr ... Sehen Sie, wie ungeduldig Judas wird. Er ist mein Doppelgänger, und auch er möchte zurückkehren, aber aus ganz anderen Gründen. Er hat die Selbstliebe, die allen Menschen eigen ist; seine Freunde haben sie ihm eingeimpft, und er brennt darauf, den Ruf des Ischariot zu widerlegen. Gib es zu, Judas, sag du es selbst dem Herrn Hud, es kommt einen schwer an, das Etikett Verräter mit sich herumzuschleppen ..... Hud ... Jehuda ... Judas. Aber natürlich, Sie sind Namensvettern, erst jetzt kommt mir das zu Bewußtsein!

– Entschuldigen Sie. Ich fühlte mich nicht wohl und mußte das Kino verlassen ....

– Keine Sorge. Sie haben recht daran getan, sich den Film nicht anzusehen, man muß ihn noch einmal drehen. Sie wissen es selbst, von dem Tag an, da er die Augen öffnete, aber das hat er niemals gesagt: Der Tod steht am Anfang dieses Dramas, so wie die Jungfrau am Fuße des Kreuzes (wollen wir hoffen, daß die Mutter sich um den Sohn kümmert). Gestatten Sie mir jetzt einen Anflug menschlicher Eitelkeit; und die Tatsache, daß ich mir das menschliche Make-up nicht entfernt habe, möge als Entschuldigung gelten. Die Gleichgültigkeit schmerzt mich mehr als die Wunde in der Seite: Nicht einmal die, die mich im Vorübergehen anspuckten, hielten es der Mühe wert, auf den Kalvarienberg zu steigen, nichtsnutziger Pöbel und Henker. Simon von Kyrene mußten sie den doppelten Lohn geben, damit er mir half .... Und, um das Maß voll zu machen, die lakonischen Kommentare des Flavius und des Philon. Gewiß, wir haben uns in der Wahl der Orte und der Zeit vergriffen. Am Vorabend des Sabbats, dazu eine römische Provinzhauptstadt, die von Raffgier und Zwietracht regiert wird, und dann zuguterletzt noch den Höhepunkt des Geschehens zur Stunde des Mittagessens. Alles in allem ein Reinfall beim Publikum und bei der Kritik. Für den Kartenverkauf auch, was die Eintrittskarten für das Himmelreich betrifft. Und das, obwohl das Schauspiel durch Propheten mit gebührender Vorankündigung angesagt wurde. Was ich noch sagen wollte, Herr Hud, Sie sind ein gerechter Mann und deshalb sind Sie ja hier: um das Schwert der Gerechtigkeit aufzuhalten. Verkünden Sie ab morgen, daß ich, sobald ich kann, zurückkommen werde, um das Reich meines Vaters auf Erden zu errichten. Noch einmal das Märchen der Jahrhunderte, diese Koproduktion der Angst zwischen Himmel, Erde und Hölle. Alles ist bereit. Die Rollenbesetzung umfaßt die Sterne des Weltalls ungeachtet ihres Ruhms, und das Thema handelt von der Ehre des Herrn. Der Erfolg hängt davon ab, ob es Ihnen gelingt, Sie und Ihresgleichen in einer Aktiengesellschaft zu organisieren. Gleiche Dividenden für alle, wie im Weinberg. Selbstverständlich muß jeder zu gegebener Zeit den Betrag seiner Anteilscheine decken. *Tolle lege* und unterzeichnen Sie dort, wo es heißt: »Dein Wille geschehe, nicht der meine.« Es handelt sich um den Willen meines Vaters, das dürfte wohl klar sein.

An der Gartenpforte

Schließen Sie die geliebte Frau in Ihre Arme und rollen Sie sie mit einem Nudelholz auf dem Bett aus, nachdem Sie sie gründlich mit Küssen und Liebkosungen durchgeknetet haben. Lassen Sie keine Stelle unangefeuchtet, unbetastet, unbeschnuppert. Bringen Sie sie in die Bauchlage, damit sie die Hände nicht frei hat und Sie kratzen kann. Vereinigen Sie sich mit ihr, wenn sie weich wie Karamell wird, und hüten Sie sich davor, daß Ihnen vor lauter Süße übel wird. Beim Höhepunkt angelangt, schnüren Sie ihr mit beiden Händen und der ganzen verbliebenen Energie den Hals zu.

Um den Vorgang zu erleichtern, empfiehlt es sich, sofort vom Nacken her anzugreifen, damit man kein Sterbenswörtchen hören kann. Lassen Sie sie los und trennen Sie sich von ihr, wenn das Herz aufgehört hat zu schlagen, damit kein schmutziger Verdacht auf Nekrophilie entsteht. Jetzt legen Sie sie in die Rückenlage und prüfen die Reflexe der Pupille. In Zweifelsfällen sollte man sie mit einem Stethoskop abhorchen, das Sie zuvor bei Ihrem Nachbarn, dem Medizinstudenten, geliehen haben. Schließen Sie ihr die Augen, nehmen Sie sie vom Bett, schleifen Sie sie zum Badezimmer, wo sie auskühlen kann. Wenn Sie einen Spiegel zur Hand haben, legen Sie ihn ihr aufs Gesicht und schauen Sie sie nicht mehr an.

Zuvor haben Sie schon zu gleichen Teilen Sand, Kies und Schnellbinder, wenn möglich weißen, in Wasser gegeben, und zwar in einen geeigneten Behälter; sie verrühren das Ganze bis es eine dicke, gleichmäßige Masse bildet. Wenn nötig, fragen Sie einen erfahrenen Maurer um Rat. Nehmen Sie eine jener rechteckigen Backformen, die man leicht an jeder Ecke erwerben kann, oder zimmern Sie sich selbst eine Form aus ungehobelten Fichtenbrettern, weil das billiger kommt. Seien Sie vorsichtig, und lassen Sie auf allen Seiten 10 cm Spielraum, damit sie bequem reinpaßt. Sie haben ihre Maße im Kopf: Ein bißchen genauer, was ihre Länge vom Kopf zu den Füßen betrifft, etwas weniger den Brust- und Hüftumfang sowie die Taille. Ein Deckel ist nicht nötig.

Erinnern Sie sich nun an die Bandagen, denn Sie werden sie jetzt ohne vorhergehende Einbalsamierung mumifizieren. Benutzen Sie 5 cm breiten orthopädischen Gipsverband, den Sie – der beiliegenden Gebrauchsanweisung folgend – anfeuchten, und dann beginnen Sie bei den Fußspitzen nach der Methode der 18. Pharaonendynastie, wobei Sie dafür Sorge tragen, daß der Verband so fest wie möglich sitzt: Die Schmetterlingspuppe in ihrem für die Ewigkeit bestimmten Kokon, die nur noch in Ihrem Gedächtnis fliegen wird, wenn Sie sich diesen Luxus leisten können. Wenn der Gips vollkommen trocken ist, schmirgeln Sie die Oberfläche, bis die übereinanderliegenden Ränder des Verbands fast ganz verschwinden. Danach bestreichen Sie sie dick mit einem schnell trocknenden Firnis, wobei Sie einen ganz gewöhnlichen, zwei Zoll starken Pinsel verwenden. Dann tragen Sie mit einer Spritzpistole, oder falls Sie keine zur Hand haben, mit einem fellweichen Pinsel, mehrere Schichten Epoxidlack auf, der hart wie Glas wird. Nachdem er einmal, dank seiner Komponenten, in wenigen Minuten getrocknet ist, überzeugen Sie sich davon, daß kein Zipfelchen Stoff oder Gips ohne Lackschutz geblieben ist. Das Ganze muß eine hermetisch abgeschlossene Kapsel sein, in die weder Feuchtigkeit noch Zementsalze eindringen können.

Jetzt füllen Sie die Form bis zu etwa einem Drittel und gönnen Sie einen Moment Ruhe, damit die Masse auch

ein wenig ruht. Denken Sie jetzt, wenn Sie können, darüber nach, wie lange die Liebe und wie kurz das Vergessen währt, oder umgekehrt. Wenn die Mumie, Sie selber und die Masse ausreichende Festigkeit erlangt haben, legen Sie den Körper mit der größten Sorgfalt in die Form. Nachdem Sie die Haltbarkeit der benützten Materialien abgeschätzt haben, gießen Sie den Rest der frischen Zementmasse, die Sie noch einmal gut durchgerührt haben, über sie.
(An dieser Stelle empfiehlt es sich niederzuknien, und mit leisem, tiefem Tremolo, ganz nach Belieben, ein Wiegenlied oder einen Bußpsalm anzustimmen.)
Wenn möglich, sollte man einen elektrischen Vibrator benutzen; falls nicht vorhanden, Spachtel und Kelle. Bevor sie für immer verschwindet, können Sie sich natürlich noch zum allerletzten Mal von ihr verabschieden. Vor allem, um sich davon zu überzeugen, daß Ihnen ihre Augen und Lippen nichts mehr sagen, die ja auch nach allen Regeln der Kunst bandagiert sind.
Wenn die Form gestrichen voll ist, lassen Sie sie im Freien stehen und gehen Sie warm zugedeckt schlafen, denn morgen müssen Sie früh aufstehen.
Heben Sie am nächsten Tag und noch vor Sonnenaufgang am Eingang zum Garten, genau über der Schwelle, eine Grube aus und legen Sie den Zementblock hinein; benutzen Sie für diese Überführung im Alleingang eine Unterlage, Rollen und Stricke. Mit Flußkieseln oder italienischen Mosaiksteinchen lassen sich wahre Kunstwerke herstellen, ganz nach eigenem Geschmack. Das Wort *Welcome* eignet sich am besten, vorausgesetzt, daß es von beziehungsreichen Blumen und Tauben eingerahmt ist, damit alle es auch richtig verstehen und es mit Füßen treten.
Vorsicht: Sorgen Sie tunlichst dafür, daß die Polizei nicht

ihre Füße auf diesen Gedenkstein der Liebe setzt, solange seine Oberfläche noch nicht vollständig trocken ist. Und wenn Sie gefragt werden, sagen Sie die Wahrheit: Sie hat das Haus in einem beigefarbenen Kostüm und kaffeebraunen Schuhen verlassen. Sie machte ein griesgrämiges Gesicht und trug Brillantohrringe . . .

Die Kleinsche Flasche

»Der Zylinder verhält sich zum Viertelstab wie das Möbiussche Band zur Kleinschen Flasche«. Und Francisco Medina Nicolau holte aus einer Schublade das berühmte Papierband hervor, das jetzt an den Endpunkten auf besondere Art wie ein Hemdkragen zusammengeheftet war. Seine Zauberhände brachten es zum Drehen, und in der Luft wurde die reine Form sichtbar:

– In dem Maße, in dem das Möbiussche Band in seiner Form nicht mehr zu erkennen ist, erscheint die Kleinsche Flasche .... Siehst du sie?

Ich war verblüfft und fand einen literarischen Ausweg:

– Das ist Kafkas Methode, nach dem Gesetz Robert Wilcocks: Man holt einen Gegenstand aus dem Kopf, zaubert ihn weg und spricht dann weiter über ihn.

Doktor Garfías war anwesend:

– A propos Kopf, seien Sie vorsichtig, ihn sich nicht zu zerbrechen, denn letzten Endes ist die Flasche aus Glas. Die Alchemisten haben sie erfunden. Ich glaube, es war Jehan Brodel, den seine Nachbarn aus der Pot-de-fer-Straße an die Inquisition verrieten. Erinnern Sie sich? Jener verruchte Gegenstand ohne Anfang und Ende war ein blasphemisches Bild Gottes. Das Original wurde zerstört und die Skizzen ebenfalls. Aber die Sache kam Hieronymus Bosch, wenn schon nicht zu Gesicht so doch zu Ohren, und der malte aus dem Gedächtnis: Das ist die Wasserblase, die Seifenblase, die die Liebenden im Garten der Lüste umschließt .....

Ludlow kam in diesem Moment mit einem verdächtigen Bündel und einem glücklichen Lächeln herein. Er hatte gerade noch die Worte Garfías gehört und verband die beiden Gedanken miteinander:

– . . . Die Flasche existiert auch in der spanischen Tradition: Als Fläschchen des Marqués de Villena, zitiert bei Quevedo und Vélez de Guevara. Als Phiole, die den Homunculus umschloß, jenen teuflischen Fötus, der keiner Mutter bedarf, um geboren zu werden . . .
Meine drei Doktoren der Physik, Topologie und mathematischen Logik bedrängten mich auf einer Anhöhe, die weder Hand noch Fuß hatte. Mit Stricken und Worten machten sie imaginäre und wirkliche Knoten und lösten sie wieder auf. Mich an Raffael erinnernd sagte ich, daß die Anhöhe dem Schaft eines Reitsattels gliche, und daß die Handwerker von Colima die Oberfläche auf Pergament zeichnen, so wie Gott es ihnen eingibt; dabei bedienen sie sich ererbter Schablonen. Alle lachten. Jorge Ludlow schnürte sein Paket auf.
– Wollten Sie nicht eine Kleinsche Flasche?
Ich kann es einfach nicht glauben. Die Designer und Arbeiter der Firma Pyrex, die auf zerbrechliche Materialien spezialisiert ist, haben mir diesen eigenwilligen Wunsch genau nach Anweisung erfüllt. Ich kann es einfach nicht glauben. Nach vielen vergeblichen Versuchen ist hier das physikalische Wunder gelungen, ohne Inneres noch Äußeres, perfekt und makellos geblasen.
Jetzt stehe ich allein vor dem irrationalen Objekt, fülle es zunächst mit meinen Blicken und dann mit Burgunder. Hier steht auf meinem, soll ich sagen – Arbeitstisch? – die Kleinsche Flasche, die ich in mehr als zwanzigjähriger, soll ich sagen – Arbeit? gesucht habe.
Mein geplagter Verstand weiß nicht mehr weiter, wenn er die Form des gläsernen Palindroms verfolgt. Bist du ein Schwan, der den Hals auf die Brust neigt und sich durchbohrt, um den Schnabel am Schwanzende zu öffnen? Ich berausche mich geistig Tropfen um Tropfen an der Wasseruhr, die langsam ihre Einsilber aus Zeit und

Raum abregnet. Ich tauche die Feder in dieses fiktive Tintenfaß und schreibe, ohne meine Hand zu gebrauchen, eine nach der anderen die unnützen Definitionen: Zum Standbild gewordenes Fragezeichen. Rieseneileiter, Jagdhorn, das mir das Zeichen zum Schweigen bläst, leeres Füllhorn, Füllhorn, aus dem das Nichts überfließt .....
Verhärtete Organe, die dem Leben hohnsprechen, wenn sie behaupten, ich sei Uterus und Phallus; der Mund, der solche Dinge sagt: Ich bin dein narzißtisches Ich, das sich über seine Wasserlilie neigt, dein offenes und geschlossenes Außen und Innen, deine Befreiung und dein Kerker; senke nicht den Blick, schau mich an!
Aber schon kann ich nicht mehr sehen, denn mein Kopf ist mir in die Eingeweide gerutscht. Warum arbeiten die reinen Mathematiker nicht mit Innereien, entwickeln Leber, Nieren und Eingeweidesäfte, statt Knoten und Viertelstäbe? Ich werde es ihnen vorschlagen, falls ich morgen aufwache.
Jetzt aber packe ich die Kleinsche Flasche. Du hältst sie fest, aber du hältst sie nicht hoch. Wie kann ich verkehrt herum trinken? Du stehst, du hast Angst wie ein falscher Selbstmörder, der mit dem gefährlichen Spielzeug in Händen, dem Glasrevolver und Schierlingsbecher, den Metaphysischen spielt ...... Denn du hast Angst, dich bis zur Neige auszutrinken, Angst zu erfahren, wonach dein Tod schmeckt, während dir im Mund der Geschmack wächst, das Salz des Schlafenden, der auf der Erde wohnt .....

Das Hymen in Mexiko

Völlig überraschend, ohne daß ich es gesucht oder verlangt hätte, ist mir *Das Hymen in Mexiko* in die Hände gefallen, eine beachtliche Schrift des Herrn Francisco A. Flores, Professor der Pharmazie, Absolvent der Medizinischen Hochschule, korrespondierendes Mitglied der Náhuatl-Akademie und Mitglied der Mexikanischen Gesellschaft für Naturwissenschaften und der Medizinischen Hochschule Pedro de Escobedo. Es handelt sich um ein prächtiges Bändchen von 99 Seiten mit 16 eindrucksvollen Illustrationen, die ohne Druckfehler von der typographischen Anstalt des Sekretariats für Entwicklung in der Straße des Heiligen Andreas, Nummer 15, im Jahre 1885 gedruckt wurde. Sie wurde dem Lehrstuhl für Gerichtsmedizin vorgelegt und daselbst verteidigt, und ihr war die einstimmige Billigung aller Synodalen des Jahres 1882 zuteil geworden.

Nachdem der Autor in *Zwei Worten*, (die in Wirklichkeit zwei Seiten in Anspruch nehmen) seine Liebe zum behandelten Gegenstand mitgeteilt hat, gibt es im ersten Teil eine historische Übersicht über die verlorene Jungfernschaft, mit oder ohne Zustimmung der Beteiligten, bei Gewaltanwendung, Schändung oder in der Ehe. Nach Babylon und seinen verruchten Jungfrauenschändern, die es für Geld taten und deren Beruf etwa dem des Henkers gleichgestellt war, nach Ägypten, Griechenland und Rom, wo der Hymenäus zu einem bedeutenden, öffentlichen Fest wurde, kommt unweigerlich das finstere Mittelalter, von dem wir kaum etwas wissen, bis dann die Renaissance die individuelle und stolze Ausübung des

Aufbrechens, als Symbol für den ehelichen Vollzug, ins Licht gerückt hat.
Aber es mußte erst Georges Louis Leclerc de Bouffon kommen, um Klarheit in die Sache zu bringen. Als Bouffon die vergleichende Anatomie begründete, schuf er nebenbei auch noch die physische, theologische und juristische Basis für eine Wissenschaft von der Jungfräulichkeit, sowohl durch seine tiefschürfenden Überlegungen als auch durch seine sachverständigen Untersuchungen an unzähligen jungen Mädchen, die, nach den Worten seiner Biographen, seinen Händen nicht immer unversehrt entkamen. Trotz der Schatten auf dem persönlichen Verhalten des berühmten Naturforschers aus Montbard, folgert Flores, daß von der Unversehrtheit des Hymens das Wohl des Menschengeschlechts abhänge.
»Der Gegenstand, mit dem sich diese Arbeit beschäftigt, gehört ganz zweifelsohne zu jenen, die eine Anziehung auf mich ausüben, sodaß ich in meinen Mußestunden den Gedanken hege, einen Teil meiner Zukunft diesen Studien zu widmen.«
Die Verlockung, die dieser Gegenstand auf Herrn Flores ausübt, ist hinreichend gerechtfertigt und geht weit über das hinaus, was ein Laie wie ich sich jemals darunter vorstellen könnte. Nachdem er die Beschaffenheit des Hymens sowie seine Anomalien sehr sorgfältig untersucht hat, ordnet der hervorragende Pharmazeut systematisch die in Europa und Amerika verwendeten Bezeichnungen, wobei er sich einer strikt statistischen Methode bedient und bis auf die Griechen zurückgeht, die, als gute Klassiker, die Vollendung des Hymens in der Halbmondform sahen, jener Form also, »bei der die Enden nach oben gerichtet sind und in den kleinen Schamlippen auslaufen«. Beiläufig räumt er mit der hartnäckigen Verwechslung zwischen dieser Form und

der des Hufeisens, mit und ohne Fransen, auf. Nach Flores gebührt der Hufeisenform der Vorrang und mit verständlichem Patriotismus fordert er, daß sie in allen Handbüchern einen Ehrenplatz verdiene: Es handelt sich dabei um ein kräftiges Hymen, das die Tugend wirksam schützt, und das unter den mexikanischen Frauen am meisten verbreitet ist.

Selbst dann käme dem Werke, über das wir hier berichten, eine hervorragende Bedeutung zu, wenn es nur bei der gewissenhaften Erfassung und Bezeichnung des Gegenstandes stehengeblieben wäre; aber es geht weit darüber hinaus, und sein Kernstück ist meiner Ansicht nach die erste, und vielleicht sogar die einzige, ernstzunehmende Untersuchung dieser Art: Jener Teil, der die myrtenförmigen Karunkeln behandelt. Wie wir alle wissen, sind damit die kleinen korallenförmigen Wucherungen gemeint, die in unterschiedlicher Zahl und mannigfaltiger Form in Erscheinung treten, wenn die Reste des zerstörten Hymens sich zurückbilden .... Beim Studium solch delikater Feinheiten gelang es Herrn Flores, mit unvergleichlicher Geduld und Sorgfalt die ursprüngliche Form eines jeden verschwundenen Hymens zu rekonstruieren, wenn man so sagen kann .... In welcher Absicht?

Die Bemühungen dieses meisterhaften Filigrananatomen wurden in den Dienst des Gesetzes gestellt, das die Delikte der Vergewaltigung und Schändung auf Wunsch der Beteiligten und erfolglos verfolgt. In allen Fällen, die ihm vorgelegt wurden, gelang es dem Experten Flores, der sein Geschick und seine Technik zur Perfektion gebracht hatte, herauszufinden, ob Gewaltanwendung oder einwilligende Lust vorlag, wie es in der berühmten Romanze heißt. Wie? Sobald Flores die ursprüngliche Struktur der verräterischen Membran rekonstruiert hatte, wandte er die mechanische Zeit-Kraft-Arbeit-Tabelle an, die er mit Hilfe eines Fachingenieurs aufgestellt hatte. Jedes Hymen erfordert von seinem Angreifer eine größere oder geringere Anstrengung; es ist schon ein Unterschied, ob man es mit einem bilabialen oder einem dreiblättrigen zu tun hat.

An dieser Stelle sollten wir einmal näher auf die Tabelle von Flores eingehen, und sei es nur, um sie den Ärzten ins Gedächtnis zu rufen, bei denen sie in Vergessenheit geraten ist. Und damit wir uns nicht die Kritik zuziehen, wir würden Wissen verbreiten, das nur ein paar Spezialisten angeht, seien die Worte des Autors an den Anfang gestellt:

»Auch im alltäglichen Leben kann die Anwendung der Grundsätze, die ich hier entwickle, von Nutzen sein. Der junge Mann, der eine Ehe eingeht, träumt in seiner Hochzeitsnacht vom Widerstand, auf den er bei der Befriedigung seiner brennenden Leidenschaft stoßen wird.« Nun gut, schauen wir uns einmal die Alpträume näher an, die auf den jungen Träumer warten, wobei wir annehmen, daß er auf eine der vier folgenden Schranken trifft:

lippenförmig: $E_t = \left[\left(\frac{P}{4} + \frac{P}{4}\right) + \left(\frac{P}{4} + \frac{P}{4} + \frac{P}{4} + \frac{P}{4}\right)\right]t = \left(\frac{P}{2} + P\right)t$

ringförmig $E'_t = \left(\frac{P}{4} + \frac{P}{4} + \frac{P}{4} + \frac{P}{4}\right)t = PXt$

hufeisenförmig $E''_t = \left(\frac{P}{4} + \frac{P}{4} + \frac{P}{4}\right)t = \frac{3}{4}\ PXt$

halbmondförmig $E'''_t = \left[\frac{P}{4} + \left(\frac{P}{8} + \frac{P}{8}\right)\right]t = \frac{2}{4}\ PXt$

Es ist unmöglich, hier dem Pharmazeuten Flores und dem Zivilingenieur Luis Cortés bei der theoretischen Herleitung ihrer Gleichungen und Formeln zu folgen und sie bei der Faktorenelimination bis zum letzten Kürzen zu begleiten. Wir halten es dennoch für unumgänglich, ein Beispiel ihres wissenschaftlichen und literarischen Rigorismus anzuführen.

»Da der Widerstand an der mechanischen Arbeit gemessen wird, die notwendig ist, um jenen zu überwinden, und da sich aus den oben angeführten Gleichungen ihr Abnehmen folgern läßt, liegt es auf der Hand, daß der Widerstand des Hymens vom lippenförmigen zum halbmondförmigen hin abnimmt. Für weitreichendere Vermutungen bietet sich eine Parallele zwischen dem Widerstand der verschiedenen Formen an. Zusammenfassend dürfen wir sagen: Wenn es darum geht, den Widerstand des lippenförmigen Hymens zu überwinden, ist die Summe der angewandten mechanischen Arbeit größer als bei dem ringförmigen, und, obwohl ich es schon an geeigneter Stelle dargestellt habe, möchte ich mich noch klarer ausdrücken. Die Dauer der Handlung, d. h. die Zeit, die zwischen der ersten Kraftanwendung und jenem Zeitpunkt vergeht, in der der Widerstand erlahmt, läßt sich in zwei Perioden zerlegen .... die Gesamtheit der geleisteten Arbeit ist gleich der Summe aus beiden Kräften, multipliziert mit dem Faktor Zeit .....«

Darf man solch einen Mann vergessen? »Welch ein Unterschied zwischen dem unbezwingbaren Widerstand, der einem intakten Hymen eigen ist, verglichen mit der Härte des kaum geöffneten und der Schwäche des rudimentär ringförmigen!« Wie leicht einzusehen ist, liegt der Wunschtraum des jungen Mannes in der Hochzeitsnacht – wie auch im wachen Zustand –, irgendwo zwischen beiden fatalen Extremen.

Wer wollte einem Wissenschaftler vorwerfen, daß er sich mitten in seinen einsiedlerischen Abhandlungen plötzlich durch den Engel besiegt sieht. »Man muß nicht erst Amerika verlassen, um auf die vergötterte Jungfräulichkeit zu treffen. In Mexiko wird sie verehrt, und hier schützen Gesetze sie gegen jeden Angriff; und hier trifft man auch den Gerichtsmediziner, der die Lilie, die sich gerade öffnen will, wieder verschließt und dabei das Insekt entdeckt, das sich in der Blumenkrone einnisten wollte. Die schönste Träumerei über seine Heißgeliebte, der sich ein Jüngling hingeben kann, sagt Mata, ist der Gedanke, sie so rein zu sehen wie die Rosenknospe, die weder der Rüssel eines Insekts noch die Morgenlüfte berührt haben . . . .«

Aber, ach, weder in Mexiko noch in Spanien oder Frankreich kann das Innenministerium, wie Mata und Parent du Chatelet voll Entrüstung und Schmerz eingestehen, die schuldigen Brummer einfangen. Die Zahl der zerstörten Hymen in allen Teilen der Welt ist unvergleichlich höher als die, die der Presse und Justiz gemeldet wird, denn die Familien ziehen es vor, »sich in der Stille über diese Schande zu verzehren und alles zu tun, daß sich der Fleck, den der Jungfernschänder auf dem glatten Kristall der Ehre der Deflorierten hinterlassen hat, nicht weiter ausbreite.«

Was ist also zu tun? Die Welt ist voll von Hymenliebhabern, aber es mangelt an Hymenwissenschaftlern . . . . . Daher läßt sich der dringende Aufruf verstehen, den Flores an die Wissenschaft und an die Öffentlichkeit richtet, endlich entsprechende Forschungen zu intensivieren und das Nationale Hymeninstitut hier in Mexiko zu gründen, »wo wir selbst über die Größe der Scheide zu wenig Kenntnisse besitzen . . . .« Die Anklage des Professors der Pharmazie blieb nicht ohne Antwort, und die Herrn Aguirre, Aizpuru, Alas, Amezcua, Barragán, Beristáin, Bernáldez, Cerda, Chacón, Delgado, Díaz González, Echávarri, Esesarte, Fernández, Flores S., Fuente, Herrera Huerta, Iglesias, Lamicq, Macías, Molina, Mucel, Navarro, Preciado, Ramos, Rubalcaba,

Sánchez, Sousa, Torres, Valle, Vera, Verdugo y Vergara eilten in alphabetischer Reihenfolge zu Hilfe und lieferten jeweils ihrem Schüler, Kollegen oder Lehrer Beobachtungen, Daten, Zahlen, Kritiken, Kalligraphien, Illustrationen und Fotografien.

Mit Hilfe dieser Unterlagen und einer ausführlichen Diskussion wurde der Regierung der Republik ein umfangreicher Plan zur Verteidigung der Jungfernschaft vorgelegt und ihren unrechtmäßigen Zerstörern der Kampf angesagt. Zunächst sollten eine Erhebung und eine ganze Reihe von statistischen Untersuchungen über die ursprünglichen Gestaltungen und nachfolgenden Deformationen (die sich auf natürliche Entwicklung oder auf spezifische Unfälle zurückführen lassen) durchgeführt werden. Jedes weibliche Wesen sollte von seiner Geburt an, und später in zeitlichen Abständen, überprüft werden, um den Wandel der geheimen Membran registrieren zu können. Am Tage der Hochzeit bekäme jede Braut eine von Gerichtsmedizinern gebührend beglaubigte Urkunde ausgehändigt, mit genauen Anleitungen, wie in jedem einzelnen Fall vorzugehen sei, und der Vertragschließende hätte sich daran zu halten. Damit nähme man der Hochzeitsnacht ihren fast immer traumatischen Charakter und gäbe ihr die ursprüngliche Form eines glücklichen Hymenäums, eines wolkenlosen Himmels ohne Schatten und Verdächtigungen zurück.

Das Heer der Inspektoren, das man rekrutieren müßte, um eine solch gigantische Aufgabe zu Ende zu führen, würde sich aus Freiwilligen (Ärzten, gelernten und praktizierenden Krankenpflegern, Pfarrern und, vor allem in den kleineren Ortschaften, hinreichend unterwiesenen Apothekern und Tierärzten) zusammensetzen. In einem Land, in dem die weibliche Reinheit vergöttert wird, würde niemand seine Unterstützung versagen.

Überflüssig hinzuzufügen, daß alle diese Wohltäter des schönen Geschlechts gleichzeitig Angreifer und Verführer unerbittlich bespitzeln, verfolgen und anprangern würden.
Unglücklicherweise ließ Mexiko sich die Gelegenheit entgehen, der zivilisierten Welt ein Beispiel zu geben, und das glänzende Produkt dieser illustren Runde von Träumern gelangte über das Stadium einer Wunschvorstellung nicht hinaus. Wir sind ohne Institut geblieben, und Vergewaltigung und Schändung werden weiterhin von überempfindlichem Ehrgefühl bemäntelt, und es findet sich keine Versicherungsgesellschaft, die ein solch kostbares Gut zu versichern wagt.
Immerhin wurden beachtliche Entdeckungen gemacht, die den fernen Glückwunsch von Marcel Tardieu, dem berühmten Pariser Kenner der Materie, einbrachten. Wir wollen uns hier damit begnügen, den Fund von vier beachtlichen Anomalien des Hymens anzuführen: das dreiblättrige, das vielblättrige, das gefranste Hufeisen mit Schließzäpfchen und, das überraschendste von allen und ein weiteres Geschenk Mexikos an die Welt, das blütenkranzförmige Flores-Hymen, dessen perlmuttfarbene, mit einem schmalen Streifen umschlossene Blütenblätter durch die Frische und Natürlichkeit ihres Aussehens das Bild einer Rosenknospe im Morgentau hervorrufen und sogar noch übertreffen.
Pech für Flores, daß das blütenkranzförmige Hymen, das seinen Namen trägt, in der gesamten Frauenwelt nie wieder angetroffen wurde. Geschmälerte Ehre für den Meister! Die einzigen Spuren, die wir vom einzigen Exemplar besitzen und die, zum Glück, vertrauenswürdig sind, finden sich in der detaillierten Beschreibung des Doktor Maldonado y Morón, der es am 15. Mai 1880 in Augenschein nahm (wegen Platzmangels können wir die

Beschreibung hier nicht abdrucken) und die vorzügliche Zeichnung von Echávarri, die wir aus drucktechnischen Gründen leider nicht wiedergeben können.
Bevor ich diesen Artikel beende, möchte ich noch etwas verraten, worauf ich sehr stolz bin und was den Neid bibliophiler Leser erwecken wird. Mein Exemplar *Hymen in Mexiko* ist gespickt mit Anmerkungen, Zusätzen und Korrekturen aus der Feder des Autors; wahrscheinlich bestand die Absicht, eine verbesserte und erweiterte Auflage herauszubringen, die aber nicht realisiert wurde. Vielleicht kann ich sie in nicht allzu ferner Zukunft zu Ende bringen, vorausgesetzt, daß ich meine Kenntnisse als Amateur-Hymenologe vertiefe, zur Ehre und zum Ruhme Francisco A. Flores', für dessen begeisterten Schüler ich mich halte. Zum Schluß möchte ich noch anfügen, was mit Tintenstift auf der letzten Seite des gerichtsmedizinischen Kompendiums steht:
»Persönlich habe ich kein einziges Hymen zerstört; was man so zerstören nennt. Durch einen Zufall des Schicksals, den ich alles in allem doch lieber gutheißen möchte, hatte ich nur mit dem einladenden, ringförmigen zu tun . . . . . Vielleicht hat die Wehmut darüber, daß ich bis heute nicht persönlich die Genauigkeit meiner Berechnungen überprüfen konnte, mich veranlaßt, in diesem Bändchen alle früheren Arbeiten zu vereinen, die ich schrieb, als ich noch, dem Studium ergeben, mich am Busen der Wissenschaft nährte, als ich mich noch erkühnte, oh Hymen, dich mit jugendlichen Versen unter den kühlen Arkaden der Nationalen Medizinischen Hochschule zu besingen . . . . . .
Schon auf der Schwelle zum Alter und bar aller Illusionen, will ich die Stunden, die mir bleiben, mit noch größerer Leidenschaft und nicht geringerem Entzücken deinem Studium widmen.«

Syntaktische Variationen

Halbschlaf

Ein heller Körper zieht klar am Himmel seine Bahn. Sie zünden Ihre Motoren und steigen senkrecht auf. Während Sie noch in voller Beschleunigung sind, korrigieren Sie Ihre Bahn und koppeln sich im Punkt der größten Erdnähe bei ihr an.

Sie haben exakt kalkuliert. Es handelt sich um den Körper einer Frau, die sich, wie fast alle, auf einer elliptischen Umlaufbahn befindet.

In genau diesem Moment, in dem die beiden den Punkt ihrer größten Erdferne erreichen werden, klingelt verspätet der Wecker. Was tun?

In aller Eile frühstücken und sie für immer im Büro vergessen? Oder im Bett liegenbleiben auf die Gefahr hin, die Stelle zu verlieren, um einen zweiten Start zu versuchen und Ihren Auftrag im Weltall zu Ende zu führen?

Antworten Sie in aller Aufrichtigkeit. Wenn Sie die richtige Antwort finden, schicken wir Ihnen postwendend und kostenlos die Reproduktion eines Gemäldes, das Marc Chagall unter Verwendung besonders vieler Farben speziell für die Leser malte, die sich für dieses Thema interessieren.

Hausrezept

Bringen Sie zwei Gerüchte in Umlauf: daß Sie erstens das Augenlicht allmählich verlieren, und daß Sie zweitens einen magischen Spiegel zu Hause besitzen. Die Frauen werden auf Sie fallen wie Fliegen auf den Honig.
Erwarten Sie sie hinter der Tür, und sagen Sie einer jeden, daß sie Ihr Augenstern sei, achten Sie aber darauf, daß die anderen es nicht hören, solange sie noch nicht an der Reihe gewesen sind.
Den magischen Spiegel kann man leicht herstellen, indem man die Badewanne austieft. Da alle eitel sind, werden sie sich unwiderstehlich über diesen häuslichen Abgrund beugen.
Sie können sie dann nach Wunsch ertränken oder nach Geschmack mit Salz und Pfeffer anrichten.

Von einem Reisenden

Im Bauch des Walfischs trifft Jonas einen Unbekannten und fragt ihn:
– Verzeihen Sie, wo ist hier der Ausgang?
– Das kommt darauf an .... Wohin möchten Sie denn?
Jonas wurde wieder unsicher, in welche der beiden Städte er wollte, und wußte keine Antwort.
– Ich fürchte sehr, daß Sie den falschen Walfisch genommen haben ...
Und mit einem anmutigen Lächeln verschwand der Unbekannte sachte im Abgrund der Eingeweide.
Kurz darauf wurde Jonas vor der Küste wie ein Geschoß erbrochen und zerschellte sofort an den Mauern Nineves. Er konnte identifiziert werden, denn unter seinen prophetischen Papieren fand sich ein gültiges Visum nach Tartessos.

Die Alternative

Für Sören Kierkegaard

Das Verhängnis liegt in der Entscheidung. Sagen Sie ihr weder ja noch nein. Fassen Sie entschlossen die zwei Enden des Dilemmas wie die Deichsel eines Wagens und stoßen Sie ganz einfach mit ihr zum Abgrund vor. Achten Sie selbstverständlich darauf, daß Sie nicht wieder wie die Unzertrennlichen mithineinfallen.
Hören Sie nicht auf ihr Schreien. Stellen Sie sofort das Gleichgewicht zwischen Angst und Schrecken wieder her. Erinnern Sie sich daran, daß das Seil lose ist, und daß Sie für immer auf dem Einrad durchs Leben fahren werden.
Das Rad dieses intellektuellen Gefährts kann ein Stück Parmesankäse oder das Bild des Mondes über dem Wasser sein, ganz nach Temperament.

Fahrradsport

Beim Aufstieg zum Mont Ventoux zersprang mir das Herz, und ich lege mich noch weit über das illusorische Ziel hinaus in die Pedale. Jetzt frage ich aus der Ewigkeit im Menschen: Wie kann ich die drei Sekunden vorteilhaft verwenden, die ich meinem unmittelbaren Verfolger abnehmen konnte?

Astronomie

Ein gigantischer Meteorstein nähert sich der Erde mit einer Geschwindigkeit von tausend Kilometern pro Sekunde. Sind Sie ein Mann der Wissenschaft? Antworten Sie schnell ja oder nein, damit wir noch erfahren, was er in der Zone des Einschlags anrichten wird.

Geschichte von den beiden, die vielleicht träumten

Im Verlaufe des Fests, das der Verlag Fondo de Cultura Económica zum Abschied von Joaquín Díez-Canedo gab, stellte mich Agustín Yáñez dem Direktor des Kulturinstituts von Jalisco, Dr. Córdoba, vor. Dr. Córdoba lud mich zu einem Vortrag nach Guadalajara ein. Ich nahm an.

– Bitten Sie ihn nur, daß er sich nicht einfach in der Öffentlichkeit auszieht.

– Agustín, ich darf doch bitten .....

– Stellen Sie sich vor, Herr Córdoba, kürzlich traf ich Arreola, wie er splitternackt die Madero-Allee herunterkam.

– Aber genau das habe ich vor einer Woche geträumt!

Doktor Córdoba rang sich ein verkrampftes Lächeln ab. Yáñez ließ nicht locker.

– Nein, Arreola, Sie haben das nicht geträumt. An der Ecke der Bolivarstraße haben Sie die Kleider abgelegt. Ich fuhr gerade im Auto am Rex-Kino vorbei. Ich stieg aus und konnte Sie um Haaresbreite vor den Neugierigen retten. Ein Polizist wollte Sie gerade verhaften.

Der betroffene Dr. Córdoba wollte mir helfen und fragte mich seinerseits nach dem Thema meines Vortrags. Ich fand keine Antwort. In meinem Traum spürte ich, daß etwas mich umhüllte, mich vor der Schande in dieser Menge rettete. Offengestanden, ich sah Yáñez nicht.

– Sie haben es nicht geträumt. Seien Sie auf der Hut!

Und Agustín wandte sich in seiner gewohnt kühlen Art von mir ab.

Lehrsätze

Für Octavio Paz

Francisco de Aldana

Verehrteste, vergessen Sie nicht die Nacht, in der unsere Seelen Körper an Körper kämpften.

Homero Santos

Als Bewohner von Fictitia sind wir Realisten. Im Prinzip akzeptieren wir, daß der Hase eine Katze ist.

Prometheus zu seinem Lieblingsgeier

Weiter links oben habe ich etwas ganz Süßes für dich. (Sie war auf die Leber versessen und wußte nichts vom Herzen Prometheus.)

Mythologisches

Du kannst sie nicht mehr nach deinem Bild und Ebenbild prägen. Du mußt sie ohne Gewicht und Feingehalt hinnehmen, denn sie ist das glühende Metall, das bereits durch deine Adern fließt.

Von der Schachkunde

Der Druck, der auf ein Feld ausgeübt wird, pflanzt sich über das ganze Schlachtfeld fort.

Biblisches

Ich hebe die Belagerung auf und verlasse das Schlachtfeld ... Das Treffen ist für heute nacht angesetzt. Komme gebadet und parfümiert. Salbe dein Haar, lege deine kostbarsten Gewänder an, begieße deinen Körper mit Myrrhe und Weihrauch. Ich habe mein Heerlager in der Umgebung Betulias aufgeschlagen. Hier erwarte ich dich, in Purpur gehüllt und voll des guten Weins, den Tisch beladen mit Speisen, das Bett bereitet und den Kopf vor der Zeit abgeschlagen.

Horrorgeschichte

Die Frau, die ich liebe, hat sich in ein Gespenst verwandelt. Ich bin der Ort der Heimsuchungen.

Juan José Arreola hat seit vielen Jahren immer neue Zusammenstellungen seiner verschiedenen Arbeiten vorgelegt und dafür den Titel *Confabularium* gewählt. Hier und da nahm er signifikative Änderungen vor, fügte den einen Text hinzu oder nahm den anderen weg: diese Auswahl wurde vom Autor selber zusammengestellt und darf als verbindliche, persönliche Anthologie seiner Schriften angesehen werden.

Inhalt

Bestiarium

Cantos de mal Dolor

Prosodie

Jahrmarkt (Fragmente)

Palindrom

Syntaktische Variationen